HEILSVERLANGEN UND HEILSVERWIRKLICHUNG

STUDIEN ZUR ERWARTUNG DES HEILS
IN DER APOKALYPTISCHEN LITERATUR DES
ANTIKEN JUDENTUMS UND IM ÄLTESTEN CHRISTENTUM

ARBEITEN ZUR LITERATUR UND GESCHICHTE DES HELLENISTISCHEN JUDENTUMS

HERAUSGEGEBEN VON

K. H. RENGSTORF

IM VERBINDUNG MIT

G. DELLING †, R.G. HAMERTON-KELLY, H.R. MOEHRING †, B. NOACK
H.M. ORLINSKY, H. RIESENFELD
H. SCHRECKENBERG, M. STERN †, A. WIKGREN, A.S. VAN DER WOUDE

XXI

SVERRE AALEN

HEILSVERLANGEN UND HEILSVERWIRKLICHUNG

HEILSVERLANGEN UND HEILSVERWIRKLICHUNG

STUDIEN ZUR ERWARTUNG DES HEILS
IN DER APOKALYPTISCHEN LITERATUR DES
ANTIKEN JUDENTUMS UND IM ÄLTESTEN CHRISTENTUM

VON

SVERRE AALEN

MIT EINEM GELEITWORT
VON
ERNST BAASLAND

HERAUSGEGEBEN VON KARL HEINRICH RENGSTORF

E.J. BRILL
LEIDEN · NEW YORK · KØBENHAVN · KÖLN
1990

ISSN   0169-7390
ISBN   90 04 09257 9

Magnhild   Aalen

zu eigen

Inhaltsverzeichnis

Vorwort des Herausgebers

Der nunmehr endlich vorgelegten Arbeit meines verehrten Freun-
des und Fachkollegen Sverre Aalen, Professor für Neues Testament in
der Gemeinde-Fakultät in Oslo, liegen von ihm gehaltene FRANZ DE-
LITZSCH-VORLESUNGEN zugrunde, die er auf meine Einladung 1974 in Münster gehalten hat. Schon damals war es klar, daß es sich in ihnen um
einen Entwurf handelte, dessen Ausarbeitung allerdings längere Zeit
erfordern würde. Erfreulicherweise war die geplante monographische Um-
und Ausarbeitung im wesentlichen erfolgt, als Aalen 1980 starb. Schon
damals war es notwendig und sinnvollerweise zu dem jetzigen neuen Ti-
tel und zugleich zum Verzicht auf die Veröffentlichung in der Reihe
der von mir begründeten FRANZ DELITZSCH-VORLESUNGEN gekommen. Ein Erscheinen in den ebenfalls von mir konzipierten und rasch zu Ansehen
gekommenen STUDIA DELITZSCHIANA, die inzwischen vertraglich von dem
Verlag Lambert Schneider in Heidelberg übernommen worden waren, erwies
sich für längere Zeit als nicht möglich, weil meine Herausgeberrechte
bestritten wurden. Vom Charakter der Studien Aalens aus bot sich unter
diesen Umständen ihre Übernahme in die ARBEITEN ZUR LITERATUR UND GE-
SCHICHTE DES HELLENISTISCHEN JUDENTUMS als gegeben an. Zu meiner Freude fand sich der Nachfolger Aalens, Professor Ernst Baasland, bereit,
in einer Beigabe das wissenschaftliche Werk seines Lehrers darzustel-
len und so dessen hinterlassenen Studien ihren biographischen Ort zu-
zuweisen. Ich danke ihm hierfür sehr herzlich. Ganz besonderer Dank
gilt darüber hinaus Frau Magnhild Aalen als der Verwalterin des Nach-
lasses ihres Gatten für ihre Geduld und für das Vertrauen, das sie mir
schenkte, als sie mir das alleinige Recht zur Veröffentlichung seines
letzten wissenschaftlichen Werks zusprach. Ihr sei es deshalb auch ge-
widmet!

Münster, im Mai 1988   Karl Heinrich Rengstorf

Ernst Baasland:

Synthetischer Dualismus in der Bibel

Zur wissenschaftlichen Lebensarbeit Sverre Aalens
(1909 - 1980)

Der Lebensweg

Der Verfasser der hier vorgelegten Untersuchungen, deren Grundlage
1974 in Münster gehaltene FRANZ DELITZSCH-VORLESUNGEN bilden, hat mit
vielen Exegeten aus kleinen Ländern das gemeinsam, daß nur ein Teil
seiner wissenschaftlichen Produktion in einer international verwende-
ten Sprache erschienen ist. Dies ist die Folge dessen, daß es mit
Rücksicht auf den akademischen Unterricht und die Ausbildung der nachfolgenden Generationen unerläßlich ist, auch gewichtige wissenschaftliche Arbeiten zunächst in der eigenen Sprache zu veröffentlichen,
selbst auf die Gefahr hin, daß sie nun nicht in dem Maße bekannt werden, wie sie es verdienen und wie es erwünscht ist. Deshalb ist es er-
freulich und zu begrüßen, daß, obschon erst beinahe ein Jahrzehnt nach
seinem Tode, nunmehr Forschungsergebnisse Sverre Aalens, die von den
Fachleuten in Skandinavien seit langem anerkannt sind und geschätzt
werden, auch in deutscher Sprache vorgelegt werden können.
In der wissenschaftlich-theologischen Literatur wird gelegentlich von
skandinavischer Forschung gesprochen. Sofern damit geographischen Vorstellungen Rechnung getragen wird, läßt sich dagegen nichts sagen. Man
wird aber immer zu bedenken haben, daß nur in Schweden Alttestamentler
wie I. ENGNELL und Neutestamentler wie A. FRIDRICHSEN und H. RIESEN-
FELD im Bereich der Bibelwissenschaften in gewissem Sinn Schule gemacht haben[1]. Das ist zum Teil darauf zurückzuführen, daß die Heran-
bildung des Nachwuchses in der Forschung in Schweden unter wesentlich
günstigeren Umständen möglich ist als in anderen nordischen Ländern,
weil es dort für die Entwicklung junger und begabter Forscher bessere
wirtschaftliche Voraussetzungen als anderswo gibt.
Was nun Sverre Aalen betrifft, so war seine Fähigkeit, selbständig

Probleme zu erkennen und anzugehen, schon früh erkennbar. Von dieser
Fähigkeit hat er in einem bewunderungswürdigen Umfang Gebrauch gemacht
und es unter den gegeben Umständen zu Leistungen gebracht, die ihm in
der Geschichte der Neutestamentlichen Wissenschaft in unserem Jahrhundert einen festen Platz sichern.

Am 7. November 1909 geboren, hat Aalen seine theologische Grundausbil-
dung an der Gemeindefakultät in Oslo empfangen und nach seinem Examen
seine Studien mit Schwerpunkt in Neutestamentlicher Wissenschaft und
Systematischer Theologie 1936/37 in Tübingen und Halle fortgesetzt.
Von 1938 an konzentrierte er sich, zeitweise in Marburg, wo er auch
mit R. BULTMANN Verbindung hatte, und in Leipzig, später in Kopenhagen
und in Lund auf die Arbeit an seiner umfangreichen Untersuchung über
Licht und Finsternis im Neuen Testament, durch die er sich die Tür zu
seiner akademischen Lebensarbeit öffnete. In den Jahren 1940 bis 1942
wurde für ihn die Zusammenarbeit mit H. ODEBERG in Lund von entscheidender Bedeutung, da dieser ihn zu intensiver Beschäftigung mit
den semitischen Sprachen und vor allem auch mit der rabbinischen Literatur anregte[2]. Die Frucht seiner Arbeit vor allem in Lund ist die
Habilitationsschrift "Die Begriffe 'Licht' und 'Finsternis' im Alten
Testament, im Spätjudentum und Rabbinismus", die 1951 erschien und ihm
internationales Ansehen eintrug. In den Jahren 1952 bis 1955 war er
als Dozent und von 1955 bis 1979 als Professor für Neues Testament an
der Gemeindefakultät in Oslo tätig. Am 16. Januar 1980 - kurze Zeit
nach seinem 70. Geburtstag - starb er.

In den 25 Jahren seines akademischen Wirkens arbeitete er zwar bestän-
dig mit der rabbinischen und besonders mit der apokalyptischen Literatur, mußte sich aber je länger desto mehr auf neutestamentliche Fragen
konzentrieren. Seine Vorlesungen, seine Aufsätze und seine unveröf-
fentlichten Arbeiten erstrecken sich über das ganze neutestamentliche
Forschungsgebiet. Besonders beschäftigte er sich mit den Problemen der
Synoptiker- und der Johannesforschung. Der Gedanke an eine Speziali-
sierung auf eine oder zwei Schriftgruppen, wie sie heute unter den
Neutestamentlern weithin üblich ist, lag ihm aber fern. Seine breiten
philologischen Kenntnisse waren nicht zuletzt für die Norwegische Bi-
belgesellschaft, in der er in den Jahren 1955 - 1978 mitarbeitete, von
großem Nutzen. Im Grunde war er die treibende Kraft in der gesamten

Arbeit an der neuen norwegischen Übersetzung des Neuen Testaments.
Außerdem nahm er in diesen Jahren, mehr genötigt als aus eigener Ini-
tiative, immer wieder an wichtigen kirchlichen und theologischen Diskussionen teil.

Wenn im folgenden auf die Schwerpunkte seiner wissenschaftlichen Arbeit näher eingegangen wird, so beginnt die Übersicht über sie nicht
nur aus chronologischen, sondern auch aus sachlichen Gründen mit dem
Eingehen auf seine Habilitationsschrift. Von dieser Arbeit ziehen sich
Verbindungslinien zu allen seinen späteren Veröffentlichungen, zunächst zu denen über Licht und Finsternis im Neuen Testament[3], dann
aber auch zu seinen Beiträgen zur Christologie, zum Reich Gottes und
anderem mehr.

Die Habilitationsschrift über Licht und Finsternis

Die Habilitationsschrift Aalens darf als ein Durchbruch der rabbinischen Forschung in Norwegen[4] und zugleich - was das Thema anbelangt -
als ein Meilenstein in der wissenschaftlichen Exegese bezeichnet werden. Die vorgelegte Materialsammlung ist unübertroffen, und auch die
sorgfältige Einzelexegese gilt auch nach einem Menschenalter noch als
sehr lesenswert. Aalen wollte nicht nur zwei wichtige Begriffe analy-
sieren, sondern auch dem ihnen zugrunde liegenden Selbstverständnis
und der strukturellen Eigenart des alttestamentlichen, des frühjüdischen und des urchristlichen Denkens nachgehen. Parallel zur Methode
von R. BULTMANN und H. JONAS in der Gnosis-Forschung legte er daher
Gewicht auf strukturelle, nicht aber auf genetische Fragen, und ähnlich dem Dänen J. PEDERSEN fragte er einfühlend nach Lebensauffassung
und Lebensorientierung der Israeliten[5]. Aufgrund dieser Methode kam er
zu dem folgenden Ergebnis: Dem alttestamentlichen, dem frühjüdischen
und dem urchristlichen Denken ist ein "synthetischer" Dualismus gemeinsam, d.h. "... Das Licht ist einerseits ein Korrelat der Finsternis, andererseits das übergreifende Prinzip, das alles zusammen-
hält"[6]. "... Es begegnet uns hier die Vorstellung von dem Gleichge-
wicht der Gegensätze, ... aber gleichzeitig ist der Tag (das Licht)
das Übergeordnete"[7].

In diesen Sätzen formulierte Aalen die Gleichgewichtsthese: Finsternis ist auch wie 'tehom' in Gen 1,2 eine geordnete 'Chaosmacht', die als Korrelat zum Licht für die Weltordnung notwendig ist. Zugleich hat das Licht 'übergeordneten' dynamischen Charakter: "... Genauso wie die Schöpfung der Welt den Durchbruch des ersten Morgens bedeutete, bedeutet das Erscheinen des Morgens, daß die Weltordnung wiederhergestellt wird"[8]. Dieses kosmologische Denken entspricht der 'symbolischen', metaphorischen Verwendung von 'Licht' und 'Finsternis'.

Auf einer ganz anderen Ebene liegen dagegen die Lichtaussagen, in denen Licht ein Attribut Gottes ist. In den Theophanieschilderungen ist jedoch nicht die Sonne, sondern 'kabod' als Licht gemeint, und man findet das 'kabod'-Licht (im Rabbinismus: 'schechinah') immer ortsgebunden (Sinai, Tempel etc.) vor. Von diesem 'kabod'-Licht hängt das Schicksal Israels und das der Welt ab.

Diese gemeinsame Konzeption von Licht und Finsternis kommt freilich im Alten Testament, im antiken Judentum und im Rabbinismus unterschiedlich zum Ausdruck. Aalen hat das in einer sehr umsichtigen Weise ausgeführt. Zunächst muß hier seine Auseinandersetzung mit S. MOWINCKELs These über das Neujahrsfest erwähnt werden. Aalen hat nachgewiesen, daß der Tag - nicht das Jahr - im präsolaren Denken des Alten Testaments wichtig ist. Diese Kritik von ihm bedeutete trotz der ausführlichen Entgegnung MOWINCKELs, daß einer der wichtigsten Pfeiler in dessen "Psalmenstudien" in Gefahr geriet[9]. Im Gegensatz dazu ist Aalens Hervorhebung des kosmologischen Interesses im antiken Judentum leider oft übersehen worden. Sein weithin von H. ODEBERG übernommenes Verständnis der mystischen, esoterischen Züge des Rabbinismus scheint indes heute durch die jüdische Forschung (G. SCHOLEM u.a.) bestätigt zu werden, da auch sie wie Aalen das alttestamentliche Denken klarer, als es früher geschah, als bestimmend in der synagogalen Liturgie erkennt. Für die Auslegung des Neuen Testaments hat freilich das Verständnis der Mission im Judentum große Bedeutung. Hier hat Aalen die Ansätze von B. SUNDKLER u.a. weitergeführt, indem er der urchristlichen zentrifugalen Mission das zentripetale Denken im Judentum - die Heiden müssen zum Gottesberg gehen, um da Gottes 'kabod' zu sehen - gegenübergestellt. Aalens Arbeit ist übrigens immer noch, wie schon für J. JEREMIAS in dessen FRANZ DELITZSCH-VORLESUNGEN von 1953 "Jesu Ver-

heißung für die Völker" (Stuttgart 1956), eine wichtige Materialsammlung gerade zu diesem Fragenkreis.

Der Ansatz für die Auslegung des Neuen Testaments

Wir werden von dem Gesagten aus später die Linien zu den christologischen Fragen ziehen, weil Aalens Auslegung des πληρωμα -Begriffs in
den Paulusbriefen an die Kolosser und die Epheser mit der Christologie
zusammenhängt. Von den 'kabod'-Aussagen in Jer 23,24; Jes 6,3 (I. Kön
8,27) ausgehend zeigte er, daß in der rabbinischen Literatur 'schechinah' an die Stelle von 'kabod' tritt und daß in den genannten Briefen
und in Joh 1,1 ff bezüglich δόξα eine ähnliche Transformierung erfolgt
sei. Seine These hat übrigens auf die deutsche Exegese eine gewisse
Wirkung ausgeübt[10] .
Auch Aalens eigenwilliges Verständnis des 'Reich Gottes'-Begriffs
sollte in diesem Rahmen gesehen werden. Wie sich Gottes 'kabod' an einem bestimmten Ort (Sinai, Tempel) geoffenbart hat, so ist nach ihm
auch das Reich Gottes als 'Reich' oder 'Haus', also räumlich, zu verstehen: "... The kingdom of God is an idea with affinity to the local
sphere. One enters it, it is like a room in a house ... This room or
house is for men who are in fellowship with God or with his represen-
tative Jesus ... Both sides, the room and the fellowship, are included
in the idea of the house"[11] .
Aus mehreren Gründen[12] finden diese Thesen Aalens bisher in der Forschung nur wenig Widerhall. Man kann nur wünschen, daß Aalens räumli-
ches Verständnis des Reiches Gottes von der Exegese weiter diskutiert
wird, dies schon der vielen, sehr scharfsinnigen Beobachtungen Aalens
wegen, die u. a. die traditionsgeschichtlichen Linien von II Sam 7,12
ff[13] einbezogen haben. Auch die Targume, wie K. KOCH neulich gezeigt
hat[14], und eine umfassende linguistische Analyse in G. DALMANs Spuren
legen das nahe[15].
Aalens Arbeiten über die Begriffe 'Licht' und 'Finsternis' sind besonders für die Auslegung des Johannes-Evangeliums von Bedeutung. Sowohl
im Johannes-Evangelium als auch in den synoptischen Evangelien, hier
etwa in Mt 5,13-16, ist der jüdische 'synthetische Dualismus' noch

vorhanden[16]. Die gnostische Auffassung einer Emanation aus der Licht-
welt und ihr ausgesprochener Dualismus liegen fern. Was dies betrifft,
so hat sich Aalen schon 1940 mit R. BULTMANN auseinandergesetzt; seine
Habilitationsschrift läuft weithin auf eine Gegenposition zu BULTMANNs
Interpretation des vierten Evangeliums hinaus. Der von ihm erhobene -
synthetische und nicht ein mataphysischer/absoluter - Dualismus bei
Johannes beruht für ihn auf der Konzentration auf die Lichtquelle,
nämlich auf Jesus als Licht der Welt und nicht bloß auf ihre Wirkung
als solche. Das besagt: Durch dieses 'Licht' befindet sich die Welt in
einer neuen Situation; sie hat aber ihren Grund nicht darin, daß die
Finsternis aufgehört hat, wie es die Gleichgewichtsthese vertritt,
sondern darin, daß das Licht in die Finsternis hineinstrahlt und so
der Welt einen neuen Orientierungspunkt gibt. Von dieser Sicht aus
kann Aalen dann auch die Begriffe φῶς - Licht und δόξα - Glanz, Aus-
strahlung, Herrlichkeit einander sachgemäßer und exegetisch fruchtba-
rer als die bisherige Forschung zuordnen.

Die Methodenfrage

Aalen hat sich öfter zu methodischen und hermeneutischen Fragen geäu-
ßert. Er hat das immer in einer Weise getan, die nach den Methodende-
batten der 70er Jahre vielleicht verständlicher ist als zu der Zeit,
als seine eigenen einschlägigen Aufsätze veröffentlicht wurden[17]. In
der Wissenschaftstheorie war Aalen, besonders in den 20er Jahren, von
BULTMANNs Kritik an der herkömmlichen Exegese beeinflußt, z.B. wenn er
die Bedeutung des Textes und der den Begriffen zugrunde liegenden Konzeption gegenüber den genetischen Fragestellungen hervorhob. Er be-
stritt die Möglichkeit einer neutralen, voraussetzungslosen Methodik
und deshalb auch das Recht des Redens von der historischen Methode.
Deswegen hat er in Auseinandersetzung mit BULTMANN vertreten, der
Glaube der Kirche sei unter allen Umständen die Voraussetzung einer
kongenialen Bibelforschung. Eine solche Position kann freilich nicht
ohne methodische Konsequenzen vertreten werden, und Aalen hat hier
leider seine Konzeption proklamiert, ohne in vollem Umfang auch wis-
senschaftstheoretische Argumente vorzulegen. Demgegenüber sind seine

methodischen und exegetischen Argumente für die Basis der Verkündigung
Jesu, der johanneischen und der paulinischen Theologie im Alten Testament und im antiken Judentum viel besser abgesichert. So gesehen waren
Aalens Gesichtspunkte und die entsprechende Skepsis gegenüber der Gnosis-Theorie der BULTMANN-Schule für die skandinavische Forschung, insgesamt gesehen, wegweisend und auch charakteristisch[18].

Leider sind die Arbeiten Aalens methodisch nicht immer durchsichtig.
So werden nie die Begriffe systematisch und nach semantischen Methoden
analysiert. Aber die Frage nach der 'Konzeption' kann nicht von den
historischen und soziologischen Fragen aus gelöst werden. Aalen vermochte jedoch die hier vorliegende Schwäche durch seine profunden
Kenntnisse der Quellen und durch intensive Einzelexegese weitgehend zu
kompensieren.

Das christologische Problem

In seinen letzten Lebensjahren beschäftigte sich Aalen besonders mit
der christologischen Frage. Seiner Methode folgend wollte er nicht die
explizit christologischen Begriffe zum Ausgangspunkt machen. Er
schied, vielleicht zu schnell, den Messiastitel aus und legte nur auf
die Worte Jesu als des Menschensohns Gewicht. Aber die implizite Christologie war auch für ihn entscheidend, und so erst hat er in origineller Weise im Verhalten und in den Worten des historischen Jesus
drei entscheidende Quellen der späteren Christologie herausgearbeitet.
Es sind dies 1.) die "... mehr als"-Aussagen: Jesus ist mehr als
Prophet, Lehrer, Salomo etc.[19]; 2.) der "chochmatische" Charakter des
gesamten Wirkens Jesu[20]; 3.) die Handlungsweisen und die Selbstbezeichnungen, die für Gott charakteristisch sind, die aber Jesus auf
seine Person übertragen hat. Die Wurzeln dieser eigenartigen These
scheinen zunächst auf einige Andeutungen seines Lehrers O. MOE zurückzuführen zu sein[21]. Aber wichtiger war seine eigene Beschäftigung mit
der jüdischen 'kabod'(Licht)-Konzeption, mit den Hypostasebegriffen[22]
und mit dem Johannes-Evangelium, die ihm den Blick für bestimmte eigentümliche Züge der synoptischen Jesus-Überlieferung geschärft hat.

Leider ist Aalen nur selten auf die Echtheitsfrage eingegangen. Wenn man aber deswegen seine Arbeiten als "konservative" Exegese abtut, dann verschließt man sich selbst die Augen für die Ergebnisse seiner Forschung, an denen auch die radikalste Kritik nicht vorübergehen kann, weil sie sich als grundlegend für ein sachgemäßes Verständnis des historischen Jesus und der von ihm unablösbaren Christologie seiner Kirche anbieten.

Anmerkungen

1) Heute spricht man gern von der skandinavischen Schule in der Evan-
gelienforschung (H. RIESENFELD und B. GERHARDSSON u.a.). Aber die
formgeschichtlichen Arbeiten A. FRIEDRICHSENs (1923) und L. BRUNs
(1925) und noch früher die formgeschichtlichen Arbeiten O. MOEs in
der Nachfolge A. SEEBERGs und später die Beiträge zu Formen der
Briefliteratur aus der Feder N.A. DAHLs müssen ebenfalls erwähnt
werden. Für die skandinavischen Exegeten im ganzen ist aber die
Skepsis den Gesamtkonzeptionen von BULTMANN und DIBELIUS gegenüber
charakteristisch, anders als es heute weithin in der Forschung
ist.

2) Vgl. das Vorwort zur Habilitationsschrift Aalens sowie N.A. DAHL,
Die Begriffe 'Licht' und 'Finsternis' im Judentum (norw.), NTT 53,
1952, S. 61-84.

3) Vgl. Johanneische Hauptbegriffe (norw.), Oslo 1954; Der Begriff
'Licht' in den synoptischen Evangelien (norw.), SEÅ 1957/58, S.
17-31; Chaos und Kosmos in der Bibel (norw.), in: Festschr. für
I.P. SEIERSTAD, Oslo 1971, S. 52-57.

4) Im skandinavischen Raum ist Lund bisher die einzige Forschungs-
stätte für Judaistik gewesen. Von den Schülern H. ODEBERGs sind
hier neben S. AALEN vor allem E. SJÖBERG, N. JOHANSSON, H. LJUNG-
MAN, E. LÖVESTAM und T. KRONHOLM zu nennen.

5) Zur kritischen Rezeption der Methode R. BULTMANNs: Das Johannes-
Evangelium und die Religionsgeschichte (norw.) Tidsskrift for teo-
logi og kirke (TKK) 11, 1940, S. 160-180 und 12, 1941, S. 20-33.
Aalen bezieht sich selten auf die Schriften J. PEDERSENs (vgl.
jedoch den Artikel 'or' in ThWAT I, S. 172). Aber PEDERSENs zwei-
bändiges Werk: Israel (1920/34) ist in vieler Hinsicht wichtig, um
die neueste skandinavische Exegese zu verstehen.

6) Licht und Finsternis, S. 263, ausführlicher S. 106f und S. 267f.

7) Ibid, S. 107.

8) Ibid, S. 35.

9) Zum israelitischen Neujahr und zur Deutung der Thronbesteigungs-
psalmen. Zwei Aufsätze, Oslo 1952. Aalen führte Ansätze der Arbeit
von M.P. NILSSON, Primitive Time-Reckoning, Lund 1920, weiter.

10) Der Begriff πλήρωμα im Kolosser- und Epheserbrief (norw.), TKK 23, 1952, S. 49-67. Zur Rezeption vgl. G. MÜNDERLEIN, Die Erwählung durch das Pleroma. Bemerkungen zu Kol 1,19: NTS 8 1961/62, S. 264-276. J. ERNST, Pleroma und Pleroma Christi, Regensburg 1970, S. 39f.

11) "Reign" and "House" in the Kingdom of God in the Gospels, in: NTS 8, 1962/63, S. 215-240, hier S. 229. Vgl. auch: Gottes Herrschaft oder Reich Gottes ? (schwed.), in: SEÅ 30, 1965, S. 37-69; Die Verkündigung Jesu vom Reiche Gottes (norw.), Oslo 1954.

12) Daß Aalen den räumlichen und zugleich den soteriologischen Charakter des Begriffs begründen wollte, komplizierte die Argumentation. In den Jahren um 1963 war das Zeitproblem (präsentische oder zukünftige Herrschaft) einseitig in den Vordergrund gestellt worden; dazu waren nun die großen Arbeiten von R. SCHNACKENBURG (Gottes Herrschaft und Reich, Freiburg 1961), N. PERRIN (The Kingdom of God in the Teaching of Jesus, London 1963) und später G.E. LADD (Jesus and the Kingdom of God, London 1966) publiziert und bestimmten im höheren Maße die Debatte.

13) Vgl. u.a. O. BETZ in: Was wissen wir von Jesus? Stuttgart/Berlin o.J., S. 59f. 64f; vgl. ZNW 48, 1956, S. 49ff. Die gleiche Arbeitsweise hat auch in dem Aufsatz "St. Luke's Gospel and the last Chapters of 1 Enoch", in: NTS 13, 1966, S. 1-13, zu gewichtigen Ergebnissen geführt.

14) Offenbaren wird sich das Reich Gottes. Die Makulta Jhwhs im Propheten-Targum, in: NTS 25, 1978/79, S. 158-165.

15) G. DALMAN in: Die Worte Jesu, 2. Aufl., Leipzig 1930, S. 75ff, dazu mein Aufsatz: Offenbarungsglaube und die Reich Gottes-Verkündigung Jesu (norw.), in: Festschrift für S. Aalen, Oslo 1979, S. 119-139.

16) Vgl. Ziff. 3. Die Transformation 'kabod' Gottes - 'schechina' - Jesus bedeutet auch, daß die Welt als Ganzes ein neues Zentrum bekommen hat, was auch ein neues Volk, ein neues Gebet (Vater unser), ein neues Opfer (vgl. Aalens Aufsatz: Abendmahl als Opfermahl im NT - norw. -, in: TTK 35, 1964, S. 193ff), eine neue Tora-Auslegung etc. impliziert. Zu demselben Thema, aber ohne auf Aalen Bezug zu nehmen: O. MICHEL, Das Licht des Messias, in: Festschrift

für D. Daube, 1978, S. 40-50.

17) Besonders der Vortrag 'Christusoffenbarung und wissenschaftliche Forschung' in: Offenbarung, Schrift, Kirche. Dokumentarband der deutsch-skandinavischen Theologentagung zu Sittensen, 21.-25. Februar 1968, hrsg. von P. HARTIG, Wuppertal 1968, S. 25-47. Dazu auch F. HAHN, Probleme historischer Kritik, in: ZNW 63, 1972, S. 1-17; M. HENGEL, Historische Methoden und theologische Auslegung des Neuen Testaments, in: KuD 19, 1973, S. 85ff; P. STUHL-MACHER, Schriftauslegung auf dem Wege zur biblischen Theologie, Göttingen 1975.

18) Vgl. die zwei Konferenzen skandinavischer Neutestamentler 1978 und 1982: J. PEDERSEN (Hrsg.), Die Paulinische Literatur und Theologie, Aarhus/Göttingen 1980; Studia Theologica 37, 1983, Nr. 1 (S. 3-99 und auch die Beiträge von H. SIMONSEN, J. JERVELL, E. LARSSON, P. BORGEN und H. RÄISÄNEN).

19) Vgl. Die Christologie der synoptischen Evangelien (norw.), Oslo 1976, S. 31ff, und auch R. KIEFFER, SEÅ, 1978.

20) So auch F. CHRIST, Jesus Sophia. Die Sophia-Christologie bei den Synoptikern, Zürich 1970. Dies andeutungsweise auch schon bei H. WINDISCH, in: Festschrift für G. Heinrici, Leipzig 1914, S. 230ff.

21) Vgl. meinen Aufsatz über die exegetische Arbeit von O. MOE (norw.) in: TTK 54, 1983, S. 135-148, besonders S. 144.

22) Aalen hat hier Anregungen von H. ODEBERG weitergeführt; vgl. Die Weisheit und das christologische Selbstbewußtsein Jesu (norw.),SEÅ 37/38, 1972/73, S. 35-46, hier S. 38, Anm. 17.

Sverre Aalen

Heilsverlangen und Heilsverwirklichung

Studien zur Erwartung des Heils
in der apokalyptischen Literatur des antiken Judentums
und im ältesten Christentum

1. Apokalyptische Texte im Alten Testament

Die ersten literarischen Zeugnisse der jüdischen Apokalyptik stammen aus dem 2. Jahrhundert v.Chr.. Ihre Blütezeit begann bereits vor 100 v.Chr. und erhielt sich durch die drei folgenden Jahrhunderte hindurch bis in das 2. Jahrhundert n.Chr. hinein. Nun kann es natürlich nicht die Aufgabe sein, jetzt und hier eine Einführung in die jüdische apokalyptische Gedankenwelt als Ganzes zu geben. Was uns beschäftigen soll, sind vielmehr nur die Vorstellungen und Anschauungen von der eschatologischen Vollendung, die in den apokalyptischen Schriften vorliegen. In ihrem Mittelpunkt steht die Erwartung der Auferstehung von den Toten. Deren Rahmen bilden die Anschauungen von der eschatologischen Heilsvollendung des Volkes Gottes und der Menschheit überhaupt, ja der Zukunft der Welt.

Es gibt aus der genannten Epoche jüdische Schriften, die die Vorstellung von einer Auferstehung der Toten nicht kennen. Darauf wird zurückzukommen zu sein. Wenn aber die Frage der Totenauferstehung eine Hauptfrage im Neuen Testament und in der christlichen Theologie geworden ist, dann ist der Hintergrund dieser Thematik eben jedenfalls in der jüdischen Apokalyptik als solcher zu suchen. Von besonderer Wichtigkeit ist dabei natürlich der anthropologische wie auch universalistische Kontext, in dem hier die Vorstellung von der Auferstehung der Toten entfaltet wird. Von hier aus ist die apokalyptische Richtung innerhalb des Judentums von großer Bedeutung für das Verständnis der neutestamentlichen Aussagen und für die christliche Theologie geworden.

Die erste datierbare apokalyptische Schrift des antiken Judentums ist das Buch Daniel, das nach gewöhnlicher Auffassung um das Jahr 175 v.Chr. entstanden bzw. endgültig redigiert worden ist. Mit diesem Buch befinden wir uns im Bereich des Alten Testaments. In diesem gibt es aber noch andere Schriften, die Abschnitte enthalten, die für unser Thema von Bedeutung sind. Wir müssen daher auch auf einige von diesen Texten zurückgreifen, wenn die vorliegende Darstellung nicht in der Luft schweben soll. So liegt die Terminologie von der Auferstehungsvorstellung bereits in Ez 37,1-14 vor. Hier spricht der Prophet davon, daß die Israeliten, die von ihm mit Toten verglichen werden, aus ihren

Gräbern hervortreten und wieder lebendig werden sollen. Nach allgemeiner Auffassung bedient er sich dabei zwar lediglich eines Gleichnisses, welches die Heimkehr des Volkes in das Land Israel und seine Restitution als Volk der Erwählung illustrieren soll. Es ist aber für die folgende Entwicklung von Bedeutung geworden, daß hier immerhin schon in diesem Text die Vorstellung und die Begriffe der Totenauferstehung sinnfälligen Ausdruck gefunden haben.

Setzen wir also bei dem Propheten Ezechiel ein! Zu seiner Zeit war der Glaube an eine Auferstehung der Toten anscheinend noch nicht ausgebildet. Und die herrschende Anschauung hinsichtlich des Schicksals der Menschen nach dem Tod war eine andere. Vorherrschend war die Vorstellung vom Totenreich 'scheol'. Dieses Reich der Toten wird als in der Unterwelt gelegen gedacht. Dort befinden sich die Toten, und sie sind wirklich tot, obwohl sie als kraftlose Schatten noch eine - allerdings rein passive - vegetative Existenz besitzen. Dieser Todeszustand ist grundsätzlich für alle Toten der gleiche. Nur vereinzelt macht sich der Gedanke eines unterschiedlichen Loses der Verstorbenen bemerkbar (Ez 32,22f). Von einer Strafe für im irdischen Leben begangene Sünden ist dabei nicht die Rede. Noch weniger ist an eine Erlösung aus dem Totenreich gedacht. Allerdings findet sich in einigen Psalmen der Gedanke, daß der Betende vom Totenreich gerettet wird (Ps 16,10; 49,16; vgl. 73,24). Es handelt sich aber kaum um eine Rettung aus dem Reich des Todes, sondern eher um eine Rettung vor dem Tode in der Stunde des Sterbens, um eine Art Entrückung. Das ist eine Vorstellung, die schon im Alten Testament (vgl. Gen 5,24; II Reg 2,11) und später im Judentum eine gewisse Rolle spielt, die aber von der Auferstehung der Toten unterschieden ist. Denn Auferstehung von den Toten muß ja bedeuten, daß Menschen, die schon gestorben sind, die vielleicht schon lange tot sind, vom Todeszustand zu einem neuen Leben erweckt werden. Dabei geht es um nicht weniger als um eine Wiederbelebung des ganzen Menschen, dies einschließlich des Körpers. Diese körperliche Seite der Auferstehung wird gerade in dem genannten Kapitel Ezechiels stark betont. Es heißt hier ausdrücklich, daß die Gebeine wieder lebendig werden sollen, mit Sehnen und Fleisch versehen und mit Haut überzogen (Ez 37,3.6).

Diese Einbeziehung des Körpers in die Auferstehung hängt mit der Anthropologie des Alten Testaments zusammen. Der Mensch besteht nach alttestamentlich-jüdischer Vorstellungsweise aus Geist, Seele und Leib, wobei die Einheit dieser Bestandteile wichtig ist[1]. Ohne den Körper kann der Mensch keine volle Existenz haben, nicht wirklich leben. Diese Anthropologie ist von der griechischen grundsätzlich verschieden, jedenfalls wie sich diese in philosophischer Tradition entwickelte. Die Griechen haben eine dualistische Auffassung vom Menschen und können sich deshalb viel leichter als die Hebräer eine Existenz des Menschen ohne Körper vorstellen, d.h. eine vollgültige Existenz der Seele nach dem Tode. Deshalb haben die Griechen den Gedanken einer Auferstehung von den Toten oder der Toten nicht konzipiert.

Nun ist es innerhalb der Forschung eine umstrittene Frage, in welchem Maße die griechische Anthropologie im Laufe der Zeit auf das jüdische Menschenbild eingewirkt hat. Tatsache ist, daß das hellenistische Judentum in der Diaspora vom griechischen Denken beeinflußt war. Aber auch im palästinischen Judentum ist eine gewisse Lockerung der Verbindung zwischen Seele (oder Geist) und Körper getreten. Das bedeutet für unseren Fragenkomplex, daß man sich allmählich eine bewußte Existenz der Seele nach dem Tode vorstellen konnte. Die Seele brauchte dabei nicht unbedingt im Totenreich zu sein, in der 'scheol' oder im Hades, wie der Ort bei den Griechen und im Neuen Testament heißt. Nach unserer Auffassung realisierte sich diese letzte Möglichkeit in der Entwicklung der jüdischen Apokalyptik erst ziemlich spät; das wird auch aus der folgenden Darstellung hervorgehen. Eine andere Streitfrage, die sich erhebt, ist, ob man von einer Auferstehung der Seele reden kann, also von einer Auferstehung ohne Körper. Ich bezweifle im Gegensatz zu einigen anderen Forschern diese Möglichkeit sehr. Im palästinischen Judentum hat man allerdings der Seele eine relative Selbständigkeit und einen Vorrang gegenüber dem Körper zugeschrieben, eine Anschauung, die ein bewußtes Dasein der Seele nach dem Tode ermöglicht. Aber eine Auferstehung ohne Körper ist m.E. eine völlig unjüdische Vorstellung.

An dieser Stelle ist es unerläßlich, eine bestimmte Seite des Auferstehungsglaubens sofort ins Auge zu fassen. Auferstehung der Toten bedeutet nach biblisch-jüdischem Denken eine Restitution der Schöpfung. Die ganze Frage wird im Judentum nicht von der Überlegung her in Angriff genommen, inwiefern der Mensch irgendwie und irgendwo ohne Körper existieren kann oder könnte, sondern von der Erkenntnis aus, daß der Mensch nach dem Plan und dem Willen des Schöpfers in einer bestimmten Weise existieren soll und muß. Gott, der Schöpfer, ist Geber des Lebens. Leben heißt nach biblischem Verständnis im Sinne des Geschaffenseins ein körperhaftes Leben. Deshalb muß das Leben auch im Zustand der endgültigen Erlösung und Restitution ein körperhaftes Leben sein.

Die Idee der Restitution ist überhaupt für den Auferstehungsglauben wesentlich. In Ez 37 handelt es sich um eine Restitution des Volkes: "Siehe, ich will eure Gräber auftun und hole euch, mein Volk, aus euren Gräbern herauf und bringe euch ins Land Israel" (37, 12). Es geht also nicht um die freie Existenz des Individuums, sondern um das Individuum als Glied des Volkes, also im Rahmen eines Kollektivs, das im Kontext der Schöpfung steht. Es ist für die folgende Darstellung der jüdischen Anschauung wichtig, die Vorstellung der Auferstehung in diesem Bezugsrahmen zu sehen.

Die bisherigen Beobachtungen werden durch einen anderen alttestamentlichen Text bestätigt, den wir nun heranziehen müssen, ehe wir zu den apokalyptischen Texten des Judentums kommen. Es handelt sich um Jes 24 - 27. Man nennt diese vier Kapitel die "jesajanische Apokalypse", weil der ganze Abschnitt apokalyptisches Material enthält. Die vier Kapitel bilden eine Einheit, die sich aus dem übrigen Jesaja-Buch herauslösen läßt. Der Traktat stammt sicher aus nachexilischer Zeit, ohne daß eine nähere zeitliche Bestimmung möglich wäre. Eine wichtige Textstelle ist Jes 26,19. Hier spricht Gott und sagt: "Deine Toten sollen lebendig werden, mein(e) Leichnam(e) (d.h. wohl die sich in Gottes Obhut befindlichen Leichname der verstorbenen Israeliten, Anm.d.V.) wird (bzw. werden) auferstehen (hebr.: jequmun). Wachet auf und jubelt, die ihr im Staube (d.h. unter dem Erdboden, Anm.d.V.) liegt. Denn ein Tau der Lichter (d.h. der Himmelslichter, Anm.d.V.) ist dein Tau, und die Erde wird die Toten (die ein Schattenleben führen, Anm.d.V.) hervorkommen lassen (oder wörtlich: gebären, Anm.d.V.)."

Wir sehen, daß auch in dieser Stelle die Auferstehungsbotschaft an das Volk gerichtet ist. So ist es auch in einem anderen

Vers, der hier wichtig ist, nämlich Jes 25,8: "Er (Gott, Anm.d.V.)
wird den Tod verschlingen auf ewig, und Gott, der Herr, wird die Trä-
nen von allen Angesichtern abwischen und wird die Schmach seines Volkes von der ganzen Erde entfernen." Zur Zeit dieser prophetischen
Sprüche war die teilweise Zerstreuung des Volkes Israel unter die Völker schon eine Tatsache, und deshalb wird in Aussicht gestellt, daß
"die Verlorenen (aus Israel, Anm.d.V.) im Lande Assur und die Zer-
streuten im Lande Ägypten kommen werden, und sie werden den Herrn anbeten auf dem heiligen Berg in Jerusalem" (Jes 27,13).

Nach all diesen Stellen bildet die Restitution des Volkes ganz
deutlich den Rahmen der Vorstellung. Wir entnehmen daraus, daß es zu
ihrer Zeit keine Schwierigkeiten bereitete, eine Heimkehr aus dem Exil
nach Jerusalem und die Auferstehung von den Toten in einem einzigen
Geschehnis im Leben des Volkes gedanklich miteinander zu verbinden.
Auferstehung der Toten bedeutet also nicht die Erhebung in eine überirdische oder himmlische Sphäre oder Lebensform. Vielmehr gehen die
Verhältnisse auf der Erde weiter wie vorher ihren Gang. Und doch ist
alles anders geworden. Eine neue Ära ist eingeleitet. Die gottlosen
Feinde des Volkes sind bezwungen (Jes 25,2-5. 10-12; 24,21-22). Die
Zeit des Heils ist für Gottes Volk da angebrochen. Gott ist König auf
dem Zion geworden und hat seine göttliche Herrlichkeit herniederstei-
gen lassen (Jes 24,23).

Solcher Heilsvollendung sollen nun auch die Verstorbenen teilhaftig werden. Das Volk bildet nämlich eine Einheit, die sich durch
die Generationen erstreckt. Der Sinn der Auferstehung ist unablösbar
von dem Gedanken, daß auch die Verstorbenen an der Restitution des
Volkes teilhaben werden, ja sogar an einer eschatologischen Restitution des Volkes, also an dem göttlichen Akt einer Wiederherstellung,
die den Zustand eschatologischen Heils herbeiführt.

Wahrscheinlich bildet auch der Gedanke des Gerichts schon hier
einen Bestandteil der Vorstellung. Einigen Mitgliedern des Volkes war
Unrecht getan worden, ja, einige waren zu Märtyrern geworden. Dieses
Unrecht muß wiedergutgemacht werden. Vor allem die Märtyrer verdienen
es, zu neuem Leben auferweckt zu werden. Diejenigen aber, die sie er-
schlagen haben, müssen bestraft werden. "Geh hin, mein Volk, in deine
Kammer und schließe die Tür hinter dir zu! Verbirg dich einen kleinen

Augenblick, bis der Zorn vorübergehe! Denn siehe, der Herr wird ausgehen von seinem Ort, heimzusuchen die Bosheit der Bewohner der Erde. Dann wird die Erde offenbar machen das Blut, das auf ihr vergossen ist, und nicht weiter verbergen, die auf ihr getötet worden sind" (Jes 26,20-21). Es muß eine Wiedergutmachung des Unrechts stattfinden und eine Bestrafung seiner Urheber vollzogen werden. Auferstehung und Gericht gehören also schon hier zusammen. Dies wird später ein Leitgedanke des Auferstehungsglaubens sein.

In der jesajanischen Apokalypse lesen wir das gewaltige Wort: "Er wird den Tod verschlingen auf ewig" (Jes 25,8). Beim Lesen dieses Wortes klingt der Gedanke an ein ewiges Leben deutlich an. Im Hintergrund könnte dabei der Bericht vom Sündenfall in Gen 3 stehen. Dort ist der Tod als die Folge der Sünde begriffen (Gen 2,17; 3,3), und es wird die Möglichkeit gestreift, daß der Mensch an sich ewig leben könnte, wäre er nicht gefallen (Gen 3,22). Wenn Gott den Tod "verschlingt", dann bedeutet das eine Restitution, die noch tiefer greift als die nationale Wiederherstellung des Gottesvolkes. Im Tod soll der schlimmste Schaden des menschlichen Lebens beseitigt werden. Auferstehung der Toten ist Wiederherstellung des menschlichen Lebens im Sinne einer Aufhebung des Todes. Auferstehung ist Aufhebung des Todes, Abwendung des Todesschicksals für immer.

Der Schauplatz der Auferstehung ist die Erde. Aber es ist wohl kaum die Erde, wie sie vorher war. Eine kosmische Vollendung soll stattfinden. Wichtig für die folgende Entwicklung sind vor allem die Stellen des Jesaja-Buchs, die von der Erschaffung eines neuen Himmels und einer neuen Erde reden (Jes 65,17; 66,22). Das Zentrum dieser neuen Erde ist wie auf der jetzigen Erde Jerusalem (Jes 65,10. 18; 66,10.13.20), und zwar mit dem Tempel, der in kultischer Hinsicht das Zentrum bleiben soll. Eine neue Lage entsteht dadurch, daß sich nun heidnische Völker dem Glauben Israels anschließen und am Kultus teilnehmen werden (Jes 66,18.21). Die Weinberge werden auch auf dieser neuen Erde bepflanzt, Häuser werden gebaut werden (Jes 65,21f), und auch die Tiere werden noch da sein (Jes 65,25; 66,3). Das Leben wird also weitergehen, ungefähr so, wie es auf der alten Erde war. Das Wort "neu" kennzeichnet also nicht etwa einen anderen Himmel oder eine andere Erde, sondern es bezeichnet eine qualitative Neuheit. Die Gottlosen und die Götzendiener werden eben im Gericht Gottes zugrunde gehen und nicht mehr existieren (Jes 66,14b-17.24). Übrig bleiben werden das gereinigte Volk und diejenigen Heiden, die den Gott Israels anbeten wollen.

In diesen Jesaja-Kapiteln ist allerdings nicht die ausdrückliche Rede von einer Auferstehung der Toten, auch nicht von einer Aufhebung des Todes. Jedoch wird der Tod in gewissem Sinne zurückgedrängt, nämlich dadurch, daß das natürliche Leben verlängert wird und das Sterben von Säuglingen nicht mehr vorkommt (Jes 65,20.23). Eine ähnliche Anschauung wird uns auch später noch begegnen.

Ehe wir diesen Abschnitt des Jesaja-Buches verlassen, müssen wir uns noch kurz mit seinen letzten Versen befassen. Jes 66,24 bildet nämlich einen wichtigen Ausgangspunkt für eine andere Vorstellung der Apokalyptik, nämlich die von der Hölle. Außerhalb von Jerusalem, südlich der Altstadt, liegt das Hinnom-Tal. Von diesem geographischen Namen wurde das Wort "Gehenna", das griechische aus dem Hebräischen übernommene Wort für "Hölle", gebildet. Auf dieses Tal bezieht sich nun der genannte Vers, wenn er sagt, daß die Heilsgenossen, die in der Stadt wohnen, "hinausgehen werden, um die Leichname derer zu schauen, die von mir (Gott, Anm.d.V.) abtrünnig waren; denn ihr Wurm wird nicht sterben, und ihr Feuer wird nicht erlöschen, und sie werden allen Menschen ein Abscheu sein". Der Wurm ist der Verursacher der Verwesung. Der Tod ist also endgültig. Das Feuer aber ist eine Metapher für das Zorngericht Gottes. Gottes Zorn über die Verdammten ist hiernach ein ewiger Zorn, und der Sinn des Gerichts ist vor allem die Reinigung der Erde von den Gottlosen.

2. Das Buch Daniel

Wenden wir uns den apokalyptischen Texten aus jüdischer Zeit zu! Zum alttestamentlichen Kanon zählt von ihnen noch das Buch Daniel, das von der modernen Forschung in seiner jetzigen Gestalt als um das Jahr 165 v.Chr. verfaßt angesehen wird. Die für unser Thema wichtigste Stelle liegt in Dan 12,2-3 vor: "Und viele, die im Lande des Staubes schlafen, werden aufwachen, die einen zum ewigen Leben, die anderen zur Schmach zu ewigem Abscheu. Und die da (andere, Anm.d.V.) lehren, werden leuchten wie der Glanz der Himmelsfeste, und diejenigen, die viele zur Gerechtigkeit geführt haben, wie die Sterne immer und ewig."

Daß dieser Text in einem Traditionszusammenhang mit den schon behandelten Texten steht, geht aus den terminologischen Übereinstimmungen hervor. Das Wort "Abscheu" oder "Greuel" als Bezeichnung für das Los der Verdammten begegnete uns schon in Jes 66,24, und die Rede vom Erwachen der im Staube Schlafenden korrespondiert mit Jes 26,19a. Auch in der Aussage von Dan 12 ist offensichtlich die Vergeltung für die Gottlosen sowie die Belohnung der Gerechten, d.h. der Gedanke des Gerichts, wichtig (vgl. Jes 26,21; 66,24). Auferstehung der Toten in Dan 12 bedeutet also, daß die Gerechten, obwohls sie gestorben sind, an der Heilsvollendung Anteil erhalten, während die Bösen die Strafe für ihre Sünden zu erleiden haben. Dabei ist das Gericht nicht eigentlich eine Prüfung, eine Untersuchung, ob der Mensch gerecht oder sündig gelebt hat. Es handelt sich vielmehr um die Feststellung der Zugehörigkeit zu der einen oder anderen Klasse. Neu im Vergleich zu den früher behandelten Stellen ist der Gedanke, daß auch die Gottlosen auferstehen werden. Das bedeutet selbstverständlich nicht, daß sie an dem positiven Geschenk der Auferstehung Anteil bekommen. Auferstehen müssen sie, um im Gericht Rechenschaft vor Gott abzulegen. Eine Voraussetzung für diese Vorstellung schuf Jes 26,21, wo auf die Auferstehung das Gericht über die Gottlosen folgt.

Wichtig ist die Bestimmung der Gabe der Auferstehung, sofern diese nämlich ewiges Leben ist. Das Wort "ewig" besagt, daß das Leben "ewig", also ohne im Tode unterzugehen, andauern soll. Das ewige Leben ist ein Leben ohne Sterben, ein Leben ohne Tod. Damit ist die alttestamentliche 'scheol'-Vorstellung, die den Tod als den endgültigen Ausgang des Lebens setzte, überwunden. Doch es wird nicht gesagt, daß die 'scheol' in neuer Form nicht eine Rolle spielen könnte. Der Tod ist und bleibt als Begriff der Gegenpol des Lebens. Das Ausgeschlossenwerden vom Leben als dem höchsten Heilsgut, also die Verdammnis, ist Tod. In diesem Sinne findet die 'scheol'-Vorstellung ihren Platz auch im Auferstehungsglauben.

Noch deutlicher als die vorher angeführte Wendung, der Tod solle von Gott "verschlungen" (Jes 25,8) werden, nimmt das Wort vom "ewigen Leben" auf den Bericht vom Sündenfall in Gen 3 Bezug. Der Ausdruck "ewiges Leben" schließt eine bewußte Erinnerung an jene Wendung in sich ein, die in der Erzählung von den Menschen, die grundsätzlich "ewig" (Gen 3,22) leben könnten, vorkommt.

Auch in Dan 12 bildet das Volk Gottes den Rahmen für die Auferstehung. Es ist noch nicht an eine universale Auferstehung gedacht; denn es wird nur gesagt, daß "viele aufwachen werden". Wahrscheinlich ist hier der Horizont wie auch in der Jesaja-Apokalypse auf Israel als das heilige Volk begrenzt. Im ganzen Buch Daniel ist ja das Bundesvolk Träger und Inhaber des Reiches Gottes, das nach Daniel das Endziel der Geschichte bildet (Dan 2,44; 3, 33; 4,31; 7,14.27). Die Heiden sind zwar nicht vergessen, aber sie müssen sich damit begnügen, Diener des Volkes Gottes zu werden (Dan 7,14.27). Auch hier handelt es sich also in erster Linie um eine Restitution des Volkes Israel, jedoch so, daß dieses Volk den Mittelpunkt der Menschheit bildet[1]. Insofern ist der Horizont universal[2]. Auch der Gedanke des ewigen Lebens schließt einen universalen Ausblick ein, weil er auf den Anfang der Menschheitsgeschichte Bezug nimmt.

Zunächst wollen wir fragen, wie der Ausdruck zu verstehen ist, daß die Gerechten "leuchten werden wie der Glanz der Himmelsfeste ..., wie die Sterne immer und ewig" (Dan 12,3). Einige Forscher möchten in dieser Wendung mehr als einen bloßen Vergleich mit dem Licht der Sterne sehen. Sie denken an eine buchstäbliche Erhöhung zum Himmel oder gar an eine Aufnahme in den Himmel[3]. Dann müßten wir hier aber eine Vorstellung annehmen, die sich erst für eine viel spätere Zeit belegen läßt. Gleichwohl müssen wir aber das Bild vom Himmel als Schauplatz der Heilsvollendung für diese frühe Zeit überhaupt ablehnen. Eine solche Auslegung läßt sich nur aufrecht erhalten, wenn man einen Einfluß griechischen Denkens annimmt. Doch dafür spricht im Kontext des Daniel-Buches nichts. Für einen bloßen Vergleich mit dem Licht der Sterne sprechen Textstellen wie IV Esr 7,97.125a; IV Makk 17,5; PsPhilo, LibAnt 33, 5 und vermutlich auch äthHen 104,2 (vgl. auch Mt 13,43; I Kor 15,41-43). Mehrere von diesen Textstellen gehen wahrscheinlich auf Dan 12,3 zurück. Sie können deshalb als ein Hinweis auf die richtige Deutung dieser Stelle dienen. Auch ist hier nicht die Auslegung naheliegend, es handele sich um eine Aufnahme in den Kreis der Engel, eine

Vorstellung, die in späterer Zeit möglicherweise eine gewisse Rolle spielt (syrBar 51,5). Es handelt sich in Dan 12,3 vielmehr nur um einen Vergleich mit dem Licht der Gestirne. Der Schauplatz der Heilsvollendung muß nach der ganzen Orientierung des Buches Daniel die Erde sein. Das ewige Reich soll ja die früheren irdischen Reiche ablösen (Dan 3,33; 7,14). In die gleiche Richtung weisen auch die Übereinstimmungen mit den oben behandelten Texten aus dem Alten Testament.

Damit soll nicht geleugnet werden, daß der Vergleich mit dem Glanz der Himmelsfeste und der Gestirne eine selbständige Bedeutung besitzt. Das Licht und das Leuchten bedeuten wahrscheinlich die Teilnahme an von Gott geschenkter Herrlichkeit (hebr. 'kabod', griech. δόξα). Schon zu dieser Zeit hatte der Gedanke Eingang gefunden, daß das eschatologische Heil eine Teilnahme an der Herrlichkeit Gottes einschließt, wie man aus Jes 60,1-3.19 und in diesem Zusammenhang vor allem aus Jes 24,23 ersieht. Das bedeutet jedoch nicht, daß die Gerechten zum Himmel emporgehoben werden, sondern eher, daß der Himmel oder Kräfte des Himmels auf die Erde herabkommen. Denn der Begriff der Herrlichkeit ist im Alten Testament fast immer mit dem sich offenbarenden und sich der Erde zuwendenden Gott verknüpft[4].

Die Menschen, die am ewigen Leben Anteil bekommen, sind nach dem oben Gesagten Bürger des ewigen Gottesreiches auf Erden. Wir müssen also annehmen, daß es sich auch im Buch Daniel um eine Auferstehung des Leibes handelt. Die Toten werden ja als im Lande des Staubes Schlafende bezeichnet. Von einem Bewußtsein im Todeszustand ist noch nicht die Rede. Der Mensch bildet nach der Anschauung dieser Textstelle eine Einheit, bei der zwischen Seele und Körper keine Trennung möglich ist[5].

In Dan 12,13 ist ebenso von einer Auferstehung die Rede. Es wird zu Daniel gesagt: "Du nun gehe hin - bis das Ende kommt - und ruhe, bis du auferstehst und dein Erbteil erhältst am Ende der Tage." In Dan 12,2 war von einem Erwachen aus dem Schlaf des Todes die Rede; in Dan 12,13 begegnet uns ein Wort für "auferstehen" (hebr. 'amad)[6]. Die Rede von Schlaf und Erwachen ist im Zusammenhang mit dem Tod eine Metapher, die nicht allzu buchstäblich aufgefaßt werden darf. Wenn jemand aufwacht, steht er auch auf. Daher sind "erwachen" und "aufstehen" auch synonyme Begriffe.

Immerhin darf der Metapher des Schlafens soviel entnommen werden, daß der Tod als ein Zustand stark herabgesetzten Bewußtseins aufgefaßt wird, was ja auch der Anschauungsweise im alten Israel entspricht. Daher heißt es in Dan 12,13, daß Daniel in der Zeit zwischen Tod und Auferstehung "ruhen" soll. Er befindet sich damit in einem Zwischenzustand, der von Ruhe, Ausruhen und Abwarten gekennzeichnet ist. Irgendwann kommt der Tag der Auferstehung, und mit ihm kommt das neue Leben, die Vollendung. Vom Menschen als Individuum aus gesehen wäre vielleicht dieser neue Anfang nicht erwünscht oder notwendig. Er hat ja das Leben hinter sich. Gott hat jedoch einen Plan mit seinem Volk und mit seiner Schöpfung und darüber hinaus auch mit der Geschichte der Menschheit. Er führt die Schöpfung und die Geschichte zur Vollendung. In dieser Sicht ist die Auferstehung des Menschen von den Toten eine Notwendigkeit. Ob man dabei an das Volk oder an die Menschheit als Existenzrahmen des Menschen denkt, ist keine entscheidende Frage. Das Volk Gottes ist nach biblischem Denken Vertreter der Menschheit. Nur darf man nicht den Menschen als ein isoliertes Individuum betrachten, das dann aus seinem Existenzzusammenhang herausgenommen und eventuell in den Himmel transportiert werden kann.

Die Vorstellung vom Zwischenzustand als einer Zeit des Wartens wird in der jüdischen Apokalyptik jedenfalls bis zum Ende des ersten Jahrhunderts n.Chr. durchgehalten. Dieser Zustand wird ziemlich früh als eine bewußte Existenz der Seele gedacht, und bis in die Zeit der Rabbinen der zweiten Hälfte des ersten Jahrhunderts wird er als eine Periode des Wartens angesehen. Tritt dieser Gedanke zurück, liegt entweder hellenistischer Einfluß vor oder wir befinden uns in einer späteren Epoche der Apokalyptik, in der die rein eschatologische Orientierung im Schwinden ist.

Die auf das Daniel-Buch folgenden Jahrhunderte sind eine Zeit der Entwicklung und der Differenzierung. Neue Richtungen und Strömungen entstehen. Neue Fragen erheben sich und beschäftigen die Verfasser der Apokalypsen: Läßt sich etwas Genaueres über die Lage und das Los der Verstorbenen nach dem Tode sagen? Ist ihre Existenz eine bewußte? Findet eine Unterscheidung zwischen Gerechten und Sündern etwa sogleich nach dem Tode statt? Wo befinden sich die Toten oder ihre Seelen nach dem Sterben, und wie ist das Verhältnis zwischen der Seele

- 13 -

bzw. dem Geist und dem Körper nach dem Tode?

Die Antworten der verschiedenen Apokalyptiker auf diese und andere Fragen sind klar formuliert und durchreflektiert. Die wissenschaftliche Literatur auf diesem Gebiet zeigt, daß die Forschungsergebnisse sehr unterschiedlich ausfallen können. Vor allem ist auf die Arbeiten von W.E. NICKELSBURG und H.C.C. CAVALLIN einzugehen[7]. In diesen Untersuchungen wird die seelische Seite der postmortalen Existenz stark betont. Es wird auf apokalyptische Textstellen hingewiesen, nach denen man von einer Auferstehung der Seele oder des Geistes reden kann[8]. Mit dieser Tendenz verbindet sich die Auffassung, daß die Zwischenzeit zwischen Tod und Auferstehung als ein Aufenthalt der Seele im Himmel zu verstehen sei, ja sogar, daß der Himmel die Stätte der endzeitlichen Heilsvollendung sei.

Ich dagegen kann in den apokalyptischen Texten, die der vorchristlichen Zeit und ebenso dem ersten Jahrhundert n.Chr. bis zum Jahre 70 angehören, solche Anschauungen kaum entdecken.

3. Zur Abgrenzung des Materials

An dieser Stelle ist eine Abgrenzung des Materials angebracht. Es führte hier zu weit, die "Sybillinischen Orakel" zu untersuchen, obwohl auch sie apokalyptisches Material enthalten. Doch diese Orakel sind in einem Milieu entstanden, das fern von Palästina liegt. Ähnliches gilt für den jüdischen Philosophen Philo von Alexandrien, der sich in seinem Denken weithin in griechischen Traditionen bewegt. Seine Anschauung, die nicht vom Auferstehungsglauben bestimmt ist, mag jedoch in unserem Zusammenhang von Interesse sein. Philo sieht im Tod des gerechten Menschen eine Befreiung der Seele vom Körper, der seiner Meinung nach die Seele in Sünden und Unvollkommenheit zurückhält. Von einer Auferstehung des Leibes ist bei ihm nicht die Rede, da der Körper der endgültigen Verwesung verfällt. Aber auch eine Auferstehung der Seele findet in Philos Denken keinen Raum, weil die Seele, oder vielmehr der vernünftige Teil der Seele, unsterblich und mit Gott verwandt ist und sich deshalb sofort nach dem Tod in den Himmel hinaufschwingt. Die Seele ist ihrem Wesen nach himmlisch[1]. Um eine ähnliche

Vorstellung im palästinisch-rabbinischen Judentum zu finden, muß man späte Rabbinen aus dem 3. Jahrhundert n.Chr. anführen[2].

Aufschlußreich als Beispiel für hellenistische Beeinflussung ist das IV. Makkabäerbuch. Alexandrien gilt als seine Heimat. Auch in dieser Schrift ist von einer Auferstehung der Toten keine Rede, obwohl einmal Ez 37,3 zitiert wird (IV Makk 18,17)[3]. Das Ergehen des Körpers nach dessen Tod scheint dem Verfasser gleichgültig gewesen zu sein (vgl. 10,4; 13,13). Der Zustand der Seligkeit beginnt sofort nach dem Tode (7,19; 13,17; 17,18; 18,3.22), und zwar deshalb, weil dann die Seele bei Gott im Himmel ist (17,5; 9,8; 15,3). Der Träger des jenseitigen Lebens ist die Seele (14,6), die im irdischen Leben den Kampf mit den Leidenschaften geführt hat (1,20ff) und in hellenistischer Denkweise mit dem λογισμός, der Vernunft, identisch ist (1,30)[4]. Die Seele des Gerechten genießt nach dem Tode Unvergänglichkeit (17,12) und Unsterblichkeit (14,5; 16,13; 18,23). Für eine Zeit des Wartens, eine Zwischenzeit, gibt es hier keinen Raum.

Hinsichtlich des Begriffs der "Unsterblichkeit" scheint in der Forschung eine größere Klarheit als bisher erforderlich zu sein. So wird kaum unterschieden, ob es sich dabei um eine inhärente Eigenschaft der Seele oder eine erworbene, von Gott geschenkte Eigenschaft handelt[5]. Bezüglich IV Makk ist die Unsterblichkeit eben keine angeborene Qualität der Seele. Statt dessen wird sie durch Frömmigkeit erworben (14,6). Merkwürdigerweise aber schweigt diese Schrift über die Auferstehung und scheint auch keinen Zustand nach dem Tode zu kennen, wohingegen von der Seele und gar der Vernunft als dem den Menschen konstituierenden Teil gesprochen wird[6].

Kennzeichnet IV Makk eine extreme Tendenz zum Hellenismus hin, so steht auf der entgegengesetzten Seite die Richtung der Sadduzäer, die ebenfalls keine Lehre von der Auferstehung kennt. Aus dem Neuen Testament und den rabbinischen Quellen wissen wir, daß die Sadduzäer überhaupt ein Leben nach dem Tode und damit natürlich auch eine Auferstehung der Toten leugneten (vgl. Mk 12,18; Act 23,6). Umstritten ist in der Forschung, ob diese Anschauung nicht als eine Art Konservativismus zu beurteilen ist, vorausgesetzt, daß man sie von alttestamentlichen Vorstellungen aus betrachtet, oder ob sich in ihr eine Art Freidenkertum ausdrückt. Diese zuletzt genannte Einschätzung der Sadduzäer ist typisch für die Pharisäer, die ja bekanntlich scharfe Gegner der Sadduzäer waren. Die Leugnung der Auferstehung qualifizierte nach dem Urteil der Pharisäer den betreffenden Lehrer für die Hölle[7]. Es gibt aber Forscher, die die Sadduzäer verteidigen, indem sie in ihnen legitime Träger des alttestamentlichen Gedankenguts sehen und sie als Vertreter der ererbten offiziellen Theologie der höheren Priesterschaft in Jerusalem betrachten. Die Pharisäer dagegen sind nach dieser Auffassung Vertreter neuer Ideen, die zu einer neuen Eschatologie führten, welche zugleich mit einer weiterentwickelten Anthropologie zusammenhing[8].

Ein Teil der Forscher ist nun der Meinung, der Auferstehungsglaube stehe ziemlich isoliert innerhalb des Judentums der vorchristlichen Zeit[9]. Als Beweis dafür wird auf die Tatsache verwiesen, daß dieser Glaube in den apokryphen Schriften des Alten Testaments, die aus dieser Zeit stammen, nur spärlich bezeugt ist. So schweigt das Buch Jesus Sirach nicht nur über die Auferstehung, sondern enthält sich überhaupt des Gedankens an ein Leben nach dem Tode. Anscheinend teilt also der Verfasser die alttestamentliche Anschauung, wonach Sünder und Gerechte beim Tod ins Totenreich kommen, wo keine Beziehung zu Gott möglich ist (vgl. besonders JesSir 17,27f und 17,1)[10]. Eine ähnliche Anschauung finden wir in den apokryphen Büchern Judith, Tobit und Baruch. Der Auferstehungsglaube findet keinen Ausdruck in I Makk und in III Makk, anders als in II Makk (vgl. II Makk 7,11; 14,46).

Auf die nicht unproblematische Frage nach der Eschatologie in der Weisheit Salomos wollen wir nur kurz eingehen. Auch diese Schrift spricht nicht ausdrücklich von einer Auferstehung von den Toten. Sie scheint sie höchstens vorauszusetzen, und zwar als vor dem eschatologischen Gericht geschehend (vgl. Weisheit Salomos 3,7f.14; 5,15f). Hier muß man jedoch mit der Möglichkeit rechnen, daß das Gericht über die Sünder nur die allerletzte Generation betrifft, sofern es unmittelbar vor der Errichtung der ewigen Königsherrschaft Israels ergeht (3,10; 5,16; 3,17). Die Königsherrschaft hat jedoch auf der Erde ihren Ort. Eine Verlegung der eschatologischen Vollendung in den Himmel läßt sich somit aus dieser Schrift nicht ableiten.

Die apokryphen Schriften zum Alten Testament liefern wenig Material. Daraus ergibt sich die Folgerung, daß die Apokalyptik nur eine begrenzte Richtung innerhalb des Judentums bildete. Andererseits darf man die Ausbreitung und den Einfluß der apokalyptischen Bewegung nicht unterschätzen. Die Verbindungslinien, die diese Bewegung mit dem Alten Testament verknüpfen, und die wachsende Rolle, die sie in der folgenden Entwicklung des Judentums gespielt hat, wie auch die Verbindungslinien, die zum Neuen Testament hinführen, untersagen eine solche Auffassung. Außerdem ist die Tatsache nicht zu übersehen, daß apokalyptischer Stoff auch in Schriften vorkommt, die der Form nach keine Apokalypsen sind. Es mag richtig sein, daß die Sadduzäer keine freidenkerischen Epikuräer oder säkularisierten Juden waren. Es ist aber eine Tatsache, daß sie die Hoffnung auf eine Gemeinschaft mit Gott nach dem Tod nicht geteilt haben, und das kann doch kaum als befriedigende oder gar vollwertige Weiterführung des alttestamentlichen Erbes gelten.

4. Das Buch der Jubiläen

Eine andere frühe Schrift aus dem 2. Jahrhundert v.Chr., in der der Auferstehungsglaube wahrscheinlich noch nicht vorliegt[1], ist das Buch der Jubiläen. Diese Schrift ist in unserem Zusammenhang besonders interessant, weil sie im allgemeinen zu den apokalyptischen Schriften gerechnet wird. Sie hat deshalb auch eine erhebliche Rolle in der Diskussion über die Fragen, die uns hier beschäftigen, gespielt.

Der Form nach ist die Schrift eine midraschartige Wiedergabe der Geschichte der Welt und Israels nach Gen 1 — Ex 12. Insofern ist sie keine eigentliche Apokalypse. Sie enthält jedoch Ausblicke auf die Zeit der Vollendung der Geschichte. Außerdem beschäftigt sie sich mit dem Tod. Sie bildet deshalb eine Vorstufe der Apokalyptik. Ihre Eschatologie befindet sich in vielfacher Hinsicht im gleichen Stadium wie die letzten Kapitel des Jesaja-Buches. Schon im ersten Kapitel der Schrift hören wir, daß Himmel und Erde und die ganze Schöpfung erneuert werden sollen (Jub 1, 29; vgl. Jes 65,17; 66,22). So soll auch das Heiligtum auf dem Berg Zion neu gebaut werden (Jub 4,26; 1,17). Das ist die Folge dessen, daß Gott jetzt in der Mitte des Volkes wohnen wird (Jub 1,17; vgl. Jes 60,1f; 66,20). Die Lebensbedingungen der Israeliten werden dann auf der Erde anders als jetzt aussehen. Die Zeit des Exils wird endgültig vorbei sein (Jub 1,15; vgl. Jes 66,20). Die Gerechten werden in der Vollendungszeit, die sich offensichtlich auf der Erde abspielt, ein überaus langes Leben in Frieden, Glück und Gesundheit genießen (Jub 23, 27-29; vgl. Jes 65,20). Jedoch werden die Generationen wechseln (Jub 23,27; vgl. Jes 65,20). Von einem ewigen Leben ist keine Rede, nur von "Generationen der Ewigkeit" (Jub 4,26).

Besonders wichtig ist die Auslegung von Jub 23,30-31: "Und dann wird Gott seine Knechte heilen, und sie werden sich erheben und großen Frieden schauen und ihre Feinde vertreiben. Und die Gerechten werden zuschauen und danken und sich freuen bis in alle Ewigkeit und an ihren Feinden all ihr Gericht und all ihren Fluch sehen. Und ihre (der Gerechten, Anm.d.V.) Gebeine werden in der Erde ruhen, und ihr Geist wird viel Freude haben, und sie werden erkennen, daß Gott es ist, der Gericht hält und Gnade übt an Hunderten und an Tausenden (und) an allen, die ihn lieben."

Ich schließe mich der Auslegung an, nach der in Vers 30a keine Erwähnung der Auferstehung vorliegt[2], obwohl das Wort "sich erheben" im Äthiopischen rein sprachlich auch ein Auferstehen von den Toten bezeichnen kann. Der Sinn ist vielmehr, daß die Knechte Gottes, d.h. die Israeliten, sich gegen ihre Feinde erheben werden. Die im folgenden erwähnten Gerechten (Vers 30b) sind nach Vers 31 tot, also nicht mit den Knechten Gottes identisch. Vielleicht sind sie Märtyrer[3], die von ihrem Ort aus den auf Erden eingetretenen Zustand des Heils betrachten und sich darüber freuen. Während ihre Gebeine in der Erde ruhen (vgl. zum Wort 'ruhen' Dan 12,13), hat ihr Geist viel Freude.

In diesem Punkt liegt gegenüber den alttestamentlichen Texten offensichtlich eine fortgeschrittenere postmortale Anthropologie vor, nach der der Geist der Verstorbenen ein klares Bewußtsein hat. Jedoch berechtigt diese Beobachtung keineswegs dazu, den Aufenthaltsort dieser Geister in den Himmel zu verlegen[4]. Der Text enthält nichts, was auf ein himmlisches oder transzendentes Leben der Verstorbenen hinweisen könnte. Die nächste Parallele zu der Vorstellung von Vers 31 findet sich in äthHen 103,4, wo ebenfalls von der Freude der Geister der Verstorbenen die Rede ist. Hier müssen sich die Geister in der 'scheol' befinden (vgl. äthHen 102,5), und Entsprechendes dürfen wir

von den Geistern in Jub 23,31 annehmen[5]. In der Zeit, in die das Buch
der Jubiläen gehört (2. oder 1. Jahrhundert v.Chr.), war man mit der
Vorstellung vertraut, daß sowohl die Gerechten als auch die Sünder im
Hades sind, jedoch so, daß die Seelen der Gerechten dort ein gutes Dasein haben (vgl. äthHen 22,2.9).

Es besteht Grund zu der Annahme, daß die Eschatologie des Jubiläen-Buchs in der Fortsetzung von Jesaja 60-66 liegt. Dann wird auch
verständlich, daß das Leben der Vollendungszeit hier ein Leben auf Erden ist, aber ein Leben ohne Sünder und ohne Sünde, ein Leben in der
erneuerten Schöpfung. Wahrscheinlich erlebt, wie es auch in Jes 65-66
ist, nur die allerletzte Generation die Vollendung, deren sich dann
die ihr aufs neue folgenden Generationen freuen dürfen. Das eschatologische Gericht ist eigentlich ein umfassendes Aufräumen[6]. Die Feinde
des Volkes Israel werden am großen Tag des Gerichts ausgerottet werden
(Jub 23,30; 9,15; 16,9; 22,21f; 24,28-33). Die Sünder werden gerichtet
und fallen einer ewigen Verdammnis anheim (36,10-11), was nach anderen
Stellen wohl heißt, daß sie in die Unterwelt kommen (7,29; 22,22;
24,31). Tod und Verdammnis werden in dieser Schrift offensichtlich zu-
sammengesehen, was im Licht von Jes 66,24 nicht überraschen kann. Die
'scheol' ist "der Ort des Gerichts" (Jub 7,29; 22,22; vgl. 10,5). Eine
Hölle im späteren Sinn kennt diese Schrift noch nicht. Die Verdammnis
besteht für sie im Tod. Dieser ist für die Sünder eine grausame Wirklichkeit, auch deshalb, weil er nicht nur den einzelnen trifft, sondern zugleich sein Volk oder sein Geschlecht, sofern es von der Erde
ausgerottet wird. Somit besteht kein grundsätzlicher Unterschied zwischen dem Gericht über die früheren Generationen von Gottlosen und dem
Gericht über die allerletzte Generation von Ungerechten (vgl. 7,29;
22,21f und 4,19; 9,15; 10,17; 23,11.30; 24,30-33; 36,10). Eine Diskussion, die von einem "entweder - oder" ausgeht, erübrigt sich somit.
Das eschatologische Gericht ist definitiv, weil es der endzeitlichen
Vollendung den Weg bereitet. Es gilt als Verschärfung des vorläufigen
Gerichts, das in den früheren Generationen durch den Tod vollzogen
bzw. gedacht wurde (5,13-15; 36,10).

Besonders in der zuletzt (36,10) genannten Stelle wird eine
deutliche Verschärfung des eschatologischen Gerichts sichtbar. Die Gerichteten gehen "zum ewigen Fluch, damit für jeden Tag ihr Gericht in

Schmach und in Fluch und in Zorn und in Qual und in Grimm und in Plage und in Krankheit ewiglich erneuert werde". Hier fehlt anscheinend nur das Wort "Hölle", nicht aber die Sache, die dieses Wort anspricht. In 5,13-15 wird die individuelle Verantwortung des einzelnen Sünders stark betont. Man gewinnt den Eindruck, daß ein allgemeines Weltgericht stattfinden soll, bei dem auch die Sünder, die sich in der 'scheol' befinden, zur Rechenschaft gezogen werden. Von Dan 12,2 aus könnte man nun fragen, ob nicht ein solches Gericht die Auferstehung der Toten voraussetzt. Immerhin wurde versucht, diese Auffassung aus Jub 5,13-15 und 36,9 herauszulesen. Dennoch scheint die Annahme vorzuliegen, daß der Verfasser des Jubiläen-Buchs nicht konsequent denkt. Er greift Motive auf, ohne sie in sein System einfügen zu können. Zumindest ist der Gedanke an ein allgemeines Weltgericht, das alle Generationen umfaßt, nicht unwesentlich. Die Hauptsache war für ihn, die Vollendung der Welt und das Ende des Geschichtsverlaufs festzulegen. Teilhaftig an dieser Vollendung wird für ihn das Volk Gottes; hingegen werden die Sünder und Götzendiener für immer aus der Welt verwiesen. Ihr ewiges Los ist der Tod mit der Qual, die mit ihm verbunden ist.

Die Struktur der jüdischen Apokalyptik ist in dieser Schrift vorhanden, obwohl ihr System nicht voll ausgebildet ist. Es widerspräche dieser Struktur aber, wollte man den Gedanken einer Aufnahme in den Himmel für die Geister der Verstorbenen einführen oder gar den Himmel als den Ort der Heilsvollendung ansehen. Zu derartigen Auslegungen geben die apokalyptischen Texte dieser Zeit keinen Anlaß.

Es ist wichtig, daß wir die letzten Kapitel des Jesaja-Buches als den nächsten Hintergrund des Jubiläen-Buchs im Auge behalten. Der Verfasser lebte offenbar in einer Zeit, in der seine traditionellen eschatologischen Vorstellungen noch nicht sehr weit entwickelt waren. Von Auferstehung und von ewigem Leben für das Individuum war noch nicht die Rede. Die Hauptsache bestand in den Gedanken, daß die Welt zu einem Ziel geführt werden soll, an dem die Sünder nicht mehr da sind und sich die Welt und die Menschheit, vertreten durch Gottes Volk, in einem Zustand befinden, der Gott gefällt (Jub 5,10-12). Der Zion und der Tempel bilden das Zentrum der ganzen Welt (1,28f; 4,26), und Gott ist zur Erde herabgekommen und wohnt auf dem Zion (Jub 1,26; vgl. Jes 60,1f; 66,20; Sach 14,5; Zeph 3,15f).

Von den Israeliten als den Ausführenden des Gerichts Gottes über die Feinde des Volkes (Jub 23,30) ist in den letzten Kapiteln des Jesaja-Buches nicht die Rede. Dennoch ist dieser Gedanke im Blick auf Jes 60,10-12; 61,2.5f; 63,1-6 naheliegend. In der politischen Lage zur Zeit des Verfassers des Jubiläen-Buchs war ferner kein Raum für den Gedanken bei Trito-Jesaja, daß Proselyten aus dem heidnischen Raum am Gottesdienst in Jerusalem teilnehmen dürfen (Jes 66,18-23). Ein anderer Punkt, in dem das Jubiläen-Buch von den letzten Kapiteln des Jesaja-Buches abweicht, betrifft die Lichter am Himmel. Der Gedanke, daß Sonne und Mond nicht mehr leuchten werden (Jes 60,19f), erschien dem Verfasser des Jubiläen-Buchs wohl als zu transzendent. Er läßt statt dessen die Himmelslichter an der Erneuerung des Himmels teilhaben (Jub 1,29; vgl. Jes 30,26 und äthHen 91,16).

Diese Abweichungen von Trito-Jesaja bedeuten jedoch keine Änderung in der Struktur der Eschatologie. Vielmehr fällt die Übereinstimmung auf. Daß das Jubiläen-Buch mit seinen Anschauungen nicht isoliert dasteht, wird ein Blick auf die "Zehn-Wochen-Apokalypse" bestätigen.

5. Traktate des äthiopischen Henoch-Buchs

Wir wollen uns nun den eigentlichen Apokalypsen, die im Judentum der vorchristlichen Zeit vorliegen, zuwenden. Eine ganze Reihe von ihnen sind in dem Sammelwerk zu finden, das als "äthiopisches Henoch-Buch" bezeichnet wird. Einzelne Traktate dieses Buches werden zunächst selbständig im Umlauf gewesen sein. Komplett liegt das Sammelwerk nur in einer äthiopischen Übertragung vor; größere Teile davon sind auch in einer griechischen Übersetzung erhalten, und in Qumran fand man auch einige aramäische Fragmente[1].

5.1 Die Zehn-Wochen-Apokalypse (äthHen 93,1-10 und 91,11-17)

Diese kleine Apokalypse wurde in das sogenannte paränetische Buch (äthHen 91-105) eingefügt[2]. Im Anschluß an Jes 65,17 und 66,22 läßt die Zehn-Wochen-Apokalypse die Geschichte Israels und der Menschheit in die Erneuerung des Himmels auslaufen (äthHen 91,16). Natürlich ist dabei nicht an den Himmel als Wohnung Gottes gedacht, sondern an den Himmel als Teil des Universums, das von Gott geschaffen und Quelle des irdischen Lichts ist. Durch die Erneuerung des Himmels soll die Welt eine Welt des Lichts werden (vgl. Jub 1,29). Der alte Himmel wird vergehen, und ein neuer Himmel wird erscheinen (äthHen 91,16), ja "die Welt wird für den Untergang aufgeschrieben" (91,14). "Welt" braucht an dieser Stelle aber nicht die äußere kosmische Welt zu bedeuten. Das betreffende äthiopische Wort kann Übersetzung des griechischen αἰών sein und die Bedeutung "Zeitalter, Weltalter" besitzen. Von einem Untergang der äußeren Welt wird im folgenden nichts gesagt. Was stattfindet, ist der Übergang zu der eschatologischen Epoche in der Geschichte.

Die Sünder werden dem Schwert übergeben (äthHen 91,12), und schließlich werden die gefallenen Engel, die so viel Unheil mit sich gebracht haben (Gen 6,1ff), gerichtet (äthHen 91,15). Auch nach dieser Apokalypse erscheint Gott, "der große König", in Herrlichkeit auf Erden, und der Tempel wird "für immerdar gebaut werden" (äthHen 91,13). Die Apokalypse endet mit dem folgenden Satz: "Danach werden viele zahllose Wochen bis in Ewigkeit in Güte und Gerechtigkeit sein, und die Sünde wird von da an bis in Ewigkeit nicht mehr erwähnt werden." Die Geschichte geht also auf der Erde weiter, freilich ohne Sünde und ohne Sünder in der Gegenwart Gottes.

Dieses Bild stimmt auffallend mit dem im Jubiläen-Buch überein. Auch hier klingen die letzten Kapitel des Jesaja-Buchs an. Über die Verstorbenen hören wir nichts, ebenso nichts über die Auferstehung. Das Anliegen gilt allein der Geschichte des Gottesvolkes und der Menschheit. Darin liegt die echte apokalyptische Struktur. Nicht alle Gedanken der alttestamentlichen Texte werden aufgegriffen; doch das Ziel ist das gleiche: die Errichtung des Gottesreiches in der geschaffenen Welt. Von einer Seligkeit im Himmel verlautet nichts. Die Erde wird zum Ort der Heilszeit und der Vollendung. Die Lösung der Probleme liegt darin, daß Gott in seiner Herrlichkeit und mit seinem Reich auf die Erde kommt und von da an die Geschichte bestimmt. Er kommt als der Schöpfer zur Erneuerung der von ihm selbst geschaffenen Welt.

5.2 Das paränetische Buch (äthHen 92-105)

Wir fassen die Kapitel 91-105 des äthiopischen Henoch-Buchs - abgesehen von 93,1-10; 91,11-17 und 105 - als eine Einheit auf. Gegen P. VOLZ[3] nehme ich nach Kapitel 102,3 keinen Einschnitt an. Die wichtige Stelle 103,7 spricht m.E. nicht, wie P. VOLZ meinte, von einem großen Gericht über die gottlosen Seelen schon in der 'scheol'. Hier wie auch sonst in diesem Traktat bezieht sich nach dem griechischen Text "das große Gericht" auf das eschatologische Gericht (vgl. 98,10; 99,15; 100,4; 104,5). In Wirklichkeit ist die Strafe, die die Sünder unmittelbar nach dem Tod erleiden müssen (103,7), nur eine vorläufige. Erst nach dem Gericht werden sie in die Hölle geworfen (91,9; 98,3) bzw. in der 'scheol' endgültig getötet (99,11)[4]. Diese Unterscheidung einer vorläufigen und einer endgültigen Bestrafung der Sünder findet sich nicht nur in dieser Apokalypse. Sie ist schon im Jubiläen-Buch vorgegeben, wenn wir in jener Schrift das Verhältnis zwischen dem Gericht nach dem Tod und dem endgeschichtlichen Gericht zutreffend bestimmt haben. Diese Vorstellung finden wir auch im Neuen Testament[5].

In den Bahnen älterer Texte bewegt sich auch diese Apokalypse, was das Los der Gerechten im Zwischenzustand betrifft. Auch die Seelen der Gerechten müssen in die Unterwelt hinabfahren[6]. Diese Anschauung überrascht uns gar nicht; denn christliche Theologen haben bis zum Jahre 100 n.Chr. einträchtig an dieser Lehre festgehalten, einige tun dies bis heute. Natürlich ist das Los der Gerechten in der 'scheol' ein anderes als das der Sünder. Sie freuen sich und sind fröhlich (äth Hen 103,4; vgl. Jub 23,31). Ausdrücklich wird gesagt, daß sie leben (äthHen 103,4). Sie befinden sich zwar in der 'scheol', sind aber trotzdem nicht die Beute des Todes. Diese Vorstellung, daß die Gerechten nach ihrem Sterben - obwohl sie tot sind - leben, hat viele Parallelen[7]. Für die Seelen der Gerechten ist diese Zeit im Hades nach unserer Apokalypse eine Zeit "süßen Schlafes" (100,5)[8], also eine Zeit des Wartens (vgl. 91,10; 92,3).

Nach dieser Wartezeit folgt für die Gerechten die Auferstehung (91,10; 92,3)[9]. Es ist verständlich, daß die Auferstehung hier den Gerechten vorbehalten bleibt, weil Auferstehung ihrem Inhalt nach etwas Positives ist. Ähnlich verwendet z.B. Paulus denselben Begriff (I Kor

15,20-22).

Nach der Auferstehung kommt dann ein Leben im "ewigen Licht" und in "ewiger Rechtschaffenheit" (äthHen 92,4; vgl. 96,3). Wichtig ist wieder die Frage, wo dieser Ort der Seligkeit zu suchen ist. Gegen NICKELSBURG, CAVALLIN und VOLZ[10] bin ich der Meinung, daß die Stätte der Seligkeit nicht im Himmel ist. Sie verweisen auf Textstellen, nach denen die Gerechten in der Vollendung "Genossen der himmlischen Heerscharen werden" (104,6)[11] oder "Freude wie die Engel des Himmels haben" (104,4)[12]. Gerade diese Wendungen finden sich jedoch nur im äthiopischen Text und fehlen im griechischen, der in diesen Kapiteln als der bessere gelten muß. Im griechischen Text steht nur, daß sie, die Gerechten, "wie die Lichter des Himmels leuchten und scheinen werden" und daß "ihnen die Pforte des Himmel aufgetan sein" wird (104,2). Offensichtlich spielt der Verfasser bei der ersten Wendung auf Dan 12,3 an, wo vom Leuchten der Gerechten nach der Auferstehung die Rede ist.

Entscheidend für die Frage ist im Henoch-Text die Wendung, daß die Pforte des Himmels ihnen aufgetan sein wird (104,2). Jedoch ist nicht anzunehmen, daß die geöffnete Himmelstür eine Einladung zum Eintreten bedeutet. Vielmehr ist gemeint, daß jetzt Offenbarung und Segen vom Himmel her zu den Menschen auf der Erde herunterströmen, daß also der Himmel eine Verbindung mit der Erde herstelle (vgl. Gen 28,17; Ez 1,1; Jes 63,19c[13]; syrBar 22,1; Mt 3,16; par. Lk 3,21; Joh 1,51; Apk 1,1; 3,8)[14]. Allerdings kennt gerade die Apokalyptik den Gedanken, daß der besonders Begnadete, der Apokalyptiker selbst, durch eine Tür in den Himmel eintreten darf (äthHen 14,15; TestLev 2,6ff; Apk 4,4)[15]. Dies aber kann für unsere Textstellen, die in einem eschatologischen Kontext stehen, keine Bedeutung haben. Dazu kommt, daß an anderen Textstellen desselben Traktates sich das Heil auf der Erde abspielt. So heißt es in äthHen 96,3, daß den Gerechten "Heilung zuteil werden wird; helles Licht wird euch scheinen, und ihr werdet die Stimme der Ruhe vom Himmel her hören"[16]. Die Bewegungsrichtung vom Himmel her zur Erde ist für den Gedanken der offenen Himmelstür typisch. Weiter wird gesagt, daß die Gerechten jetzt zur Herrschaft auf die Erde kommen (95,7 - 96,2) und daß sie "glückliche Tage" haben werden (96,8), was auf eine Veränderung ihrer Verhältnisse auf der Erde hindeutet[17].

In diesen hier vorgestellten Texten sehe ich keinen Anlaß, von

einer Auferstehung der Seelen zu reden[18]. An keiner Stelle, wo vom Ge-
schick nach dem Tode oder von der Endvollendung die Rede ist, wird etwas über den Körper gesagt. Es sind die Seelen, die in die Unterwelt
hinabfahren (102,5; 103,7), oder die Geister sind es, die in dem Zwischenzustand "leben" (103,4). Andererseits sind die Personen als solche überall dort das Subjekt, wo vom endlichen Heilszustand die Rede
ist, nicht bloß die Seelen oder die Geister. Und die Wendung, die
Gerechten werden vom "Schlaf auferstehen" (91,10; 92,3), zeigt wohl
deutlich, daß die gleiche unspirituale Auffassung von der Auferstehung
vorliegt wie in Dan 12,2.

Die gleiche Anschauung wie im paränetischen Buch liegt m.E.
auch in der kurzen Mahnrede vor, die das Buch Henoch abschließt (108).
Da aber dieses Kapitel in der griechischen Übersetzung fehlt und deshalb wahrscheinlich späteren Datums ist, wollen wir uns hier mit ihm
nicht beschäftigen.

5.3 Das angelologische Buch (äthHen 1-36)

Der erste Traktat des äthiopischen Henoch wird das "angelolo-
gische Buch" genannt, weil er sich besonders eingehend mit den gefallenen Engeln aus Gen 6 beschäftigt. Es wird berichtet, daß diese Engel
unter Gottes Zorn im Innern der Erde als Gefangene bis zum endzeitlichen Gericht in Verwahrung gehalten werden (äthHen 10,4ff; 14,5f; vgl.
18,12-19,3; 21,1-6). Diese Vorstellung einer Aufbewahrung bis zum Gericht war schon in der Jesaja-Apokalypse vorgebildet. In Jes 24,21f
heißt es: "Zu der Zeit wird der Herr das Heer der Höhe heimsuchen in
der Höhe und die Könige der Erde auf der Erde, daß sie gesammelt werden als Gefangene im Gefängnis und nach langer Zeit heimgesucht werden." Dieser Text bildet wohl den Ausgangspunkt für die Vorstellung
von der Verwahrung der gefallenen Engel. Vielleicht bildet er aber sogar den Anlaß für die Unterscheidung einer vorläufigen Strafe für die
Sünder und eines endgültigen Gerichts über sie.

Besonders interessant ist das Kapitel 22, in dem dem Apokalyptiker vier Räume in einem Berg im Westen, also in der Unterwelt, gezeigt werden, wo die Geister der Toten aufbewahrt werden. Die Gerech-

ten befinden sich in einem eigenen Raum, wo eine helle Wasserquelle fließt[19]. Sie dient ihnen offensichtlich zur Erquickung. Die Sünder verschiedenen Grades befinden sich dagegen in den anderen Räumen, die dunkel sind. Auch hier sind also die Geister der Gerechten in der Unterwelt, genau wie nach Kapitel 91 - 104. Daß eine Auferstehung stattfinden soll, wird nur am Rande erwähnt (22,13). Das hat wohl seine natürliche Erklärung darin, daß dieser Traktat primär kosmologisch orientiert ist, nicht eigentlich eschatologisch. Andererseits ist die Auferstehung offensichtlich als eine Selbstverständlichkeit vorausgesetzt. Das ersieht man daraus, daß ein eschatologisches Gericht stattfinden soll, in dem die Sünder, die es verdient haben, ihre endgültige Strafe erhalten, die Pein und ewige Verdammnis bedeutet (22,11).

Es gibt jedoch auch eine Gruppe von Sündern, die nicht auferstehen und nicht vor dem Gericht erscheinen müssen. Wir haben schon im Jubiläen-Buch die Anschauung vermutet, daß der Tod als ein Aspekt und eine Vorstufe der ewigen Verdammnis betrachtet wird. Sie findet sich auch im Neuen Testament (vgl. Apk 20,14) und läßt sich zusätzlich aus anderen Texten belegen. Hier seien nur die Psalmen Salomos erwähnt. Danach besteht die Verdammnis in der definitiven Übergabe an das Totenreich. Dieses Los wird direkt als Verderben oder Vernichtung bezeichnet (PsSal 3,10-12; 14,9). Daneben ist vom strafenden Zornesfeuer Gottes die Rede (15,4; 12,4), offensichtlich in eschatologischem Zusammenhang. Eine klare Grenze zwischen Hades und Höllenfeuer scheint nicht vorzuliegen. Trotzdem sollte man nicht bei der Übersetzung dieser Psalmen den Hades eine "Hölle" nennen, wie es bei R. KITTEL[20] geschehen ist (14,9; 15,10). Die beiden Vorstellungen - 'scheol'/Hades und Gehenna/Hölle - werden in den apokalyptischen Texten, jedenfalls vor dem Jahr 100 n.Chr., terminologisch immer auseinandergehalten[21]. Der Hades kann allerdings als eine Vorstufe der Gehenna gedacht sein, weil der Tod eine Form der Verdammnis ist. Dagegen darf man die Gehenna nicht in dem Hades aufgehen lassen, so daß die eschatologische Hölle ihre selbständige Bedeutung verliert. Die beiden Vorstellungen haben eine unterschiedliche Wurzel. Die Hölle besitzt ihren Ursprung in der Erwartung eines Gerichts Gottes über die Gerechten in dem Tale des Hinnom südlich von Jerusalem[22].

Diese Tradition kann auch im angelologischen Buch festgestellt

werden. In äthHen 26 - 27 berichtet der Apokalyptiker von einem Gesicht, in welchem er die heilige Stadt Jerusalem mit dem Berge Zion
gesehen hat (26,1f). Südlich der Stadt sah er eine "verfluchte
Schlucht", die offensichtlich das Hinnom-Tal ist (26,4; 27,1). Es handelt sich um denselben Ort wie in Jes 66,24, zu dem die Einwohner der
Stadt hinausgehen, um die Sünder zu betrachten, deren Wurm nicht
stirbt und deren Feuer nicht erlischt. In äthHen 27 wird das Hinnom-
Tal als der "Aufenthaltsort"[23] "für die bis in Ewigkeit Verfluchten"
bezeichnet (27,2). Hier wird ihre eschatologische Bestrafung stattfinden, und zwar als "ein Schauspiel eines gerechten Gerichts vor den Gerechten bis in alle Ewigkeit" (27,3). Es kann kein Zweifel daran bestehen, daß Jes 66,24 den Hintergrund ebenso der Schilderung wie auch
der Vorstellung bildet.

Will man diese Vorstellung verstehen, so darf man sich nicht
dadurch beirren lassen, daß die Hölle hier als eine geographische
Größe erscheint. Weil Jerusalem, die Stätte des Heils, eine geographische Größe ist, so muß natürlich auch ihr Gegenstück, die Stätte der
eschatologischen Verdammnis, geographischen Charakter haben, wenn sich
mit ihr Anschaulichkeit verbinden soll. Das aber ist unentbehrlich.
Die Endvollendung hat für die Erwartung nun einmal auf der Erde ihren
Ort, wie wir jetzt mehrfach beobachten konnten. Aber es handelt sich
um die Erde in einer verklärten Gestalt. Die Schilderung Jerusalems
und seiner Umgebung, wie wir sie in diesem Gesicht vorliegen haben,
ist deutlich von dem eschatologischen Bild der heiligen Stadt und des
umliegenden Landes bestimmt, das Ezechiel in den letzten Kapiteln seines Buchs entworfen hat (vgl. Ez 47,8.12 mit äthHen 26,1). Ebenso ist,
wie dieses Bild zeigt, die Gehenna eine eschatologische Größe. Deshalb
gehört sie als Ort der Verdammnis zur Zeit des Apokalyptikers in die
Zukunft und steht vorläufig leer. Sie ist für die Verfluchten bestimmt
(äthHen 27,2), aber noch nicht in Funktion getreten. Diese Auffassung
von der "Hölle" wird nun in der jüdischen Apokalyptik durchgehalten.
Erst in der zweiten Hälfte des ersten Jahrhunderts n.Chr. - oder vielleicht noch später - fängt man an, sie als eine präsentische Wirklichkeit aufzufassen. Die Hölle bekommt nun ihren Ort in der Unterwelt,
und damit wird sie eine kosmische Größe. Die geographische Betrachtungsweise, die in unserem Traktat vorliegt, darf nicht dazu führen,

daß dies übersehen wird.

In äthHen 6 - 36 besteht die Heilsvollendung in einer Sammlung der Gerechten nach der Auferstehung in der heiligen Stadt Jerusalem, die natürlich als eine eschatologisch verklärte Stadt zu denken ist. Die Schilderung des Heilszustands zeigt mit aller Deutlichkeit, daß das Leben der Gerechten ein irdisches Leben ist. Weinstöcke, die Trauben im Überfluß tragen, werden gepflanzt, und allerlei liebliche Bäume wachsen auf der Erde (10,19). Die Arbeit geht weiter, aber jetzt herrschen Gerechtigkeit und Wahrheit (10,16). Natürlich haben nur die Gerechten an dieser Herrlichkeit teil (10,17). Von einem immerwährenden Leben ist nicht die Rede. Die Menschen müssen sich damit begnügen, ein langes Leben zu genießen (10,17; 25,6), in dem sie aber keine Mühe oder Plage berühren wird (25,6). Ganz deutlich ist dieser gesamte Entwurf durch Jesaja inspiriert (vgl. Jes 65,19 ff). Man sollte derartige Bilder und Schilderungen nicht ohne weiteres als durch eine Art von primitivem Materialismus bestimmt bezeichnen. Vielmehr handelt es sich in ihnen um eine Veranschaulichung der Wiederherstellung des Paradieszustands. Der Paradiesbaum wird daher den Gerechten nach dem Gericht übergeben und bei dem Haus Gottes - wohl Jerusalem[24] - eingepflanzt werden (24,4; 25,4f). Doch das Allerwichtigste ist, daß Gott selbst, der Herr der Herrlichkeit, auf die Erde herabkommen wird, um dort seinen Thron zu errichten (25,3).

Niemand wird behaupten können, daß die Heilsvollendung im angelologischen Traktat des Henoch-Buchs im Himmel stattfinden soll. Der Traktat ist wichtig als Beleg dafür, daß gerade das Gegenteil eintreten wird. Der Himmel kommt auf die Erde herab, und Gott nimmt Wohnung bei den Menschen (vgl. Ez 37,26-27).

5.4 Die Bilderreden (äthHen 37-71)

Auch in dieser Schrift ist der Ort der Heilsvollendung eindeutig die Erde. Problematisch und umstritten ist dagegen die Frage, wo sich die abgeschiedenen Gerechten im Zwischenzustand zwischen Tod und Auferstehung befinden. An einigen Stellen der Bilderreden wirkt noch der alte Gedanke nach, daß alle Menschen, Gerechte wie Ungerechte, nach dem Tod in der 'scheol' sind. Ob mit unterschiedlichem Los oder nicht, ist dabei nicht ersichtlich (äthHen 51,1; vgl. 61,5). In äthHen 51,1 heißt es nur, daß die Erde denjenigen zurückgegeben wird, die in ihr angesammelt sind, und daß sie sie auferstehen lassen wird, und das gleiche werden die 'scheol' und das Verderben[25] tun. Die Auferstehung, von der hier die Rede ist, umfaßt offensichtlich auch den Körper. Jedoch ist die an diesen Stellen vorausgesetzte Anschauung in den Bilderreden nicht die vorherrschende.

Anderen Stellen zufolge werden nämlich die Gerechten nach ihrem Tod als in der Nähe der Engel befindlich beschrieben (39,4f; 48,1; 41,2). Besonders in äthHen 39,3ff ist dies der Fall. Dort wird eine Szene dargestellt, die sich anscheinend in der Nähe von Gottes Thron im Himmel abspielt. Hier befinden sich die Wohnungen der Gerechten (39,4), und diese Wohnungen sind bei den Engeln (39,5). Man hat versucht, diese Schilderung als eine Antizipation der eschatologischen Vollendung, die am Ende der Welt nach der Auferstehung eintreten wird, zu verstehen. Besonders R.H. CHARLES war dieser Meinung. Jedoch kann man sich des Eindrucks nicht erwehren, daß es sich um eine schon jetzt vorliegende Wirklichkeit handelt[27]. Schon jetzt sind die Seelen der Gerechten bei den Engeln im Himmel.

Es wird jedoch nicht gesagt, daß die Gerechten vor Gott stehen, wo sie dann am himmlischen Lobgesang der Engel teilnähmen. Gerade das wird eben nicht berichtet. Die Gerechten sind zwar bei Gott, aber sie werden nur bei ihm "aufbewahrt" (40,5). An dieser Stelle handelt es sich eben nicht um eine schon im Zwischenzustand eingetretene endzeitliche Seligkeit; vielmehr ist auch hier an eine Zeit des Wartens gedacht, wie sie für die traditionelle Sicht des Zwischenzustands kennzeichnend ist. Während dieser Wartezeit befinden sich die Wohnungen der Gerechten im Paradies, im Garten des Lebens (61,12; vgl. 60,8; 70,3f). Die Aufgabe des Paradiesgartens ist es sogar, als Aufenthaltsort für die Väter des Alten Bundes nach ihrem Tod zu dienen (70,3f). Zu diesen Vätern zählt auch Henoch selbst, da er ja nach Gen 5,23 lebendig von der Erde hinweggenommen wurde (39,8; 60,8). Die Lage des Gartens wird verschieden angegeben. Einige vermuten den Garten irgendwo im Kosmos, also nicht im Himmel und schon gar nicht in der Unterwelt (60,23; 70,3f). An einer anderen Stelle scheint sogar deutlich vorausgesetzt zu sein, daß der Garten anderswo als im Himmel zu finden ist (61,12).

Für einige der genannten Stellen bietet sich die Deutung an, nach der der Aufenthaltsort der abgeschiedenen Gerechten bei Gott oder irgendwo im Himmel ist. In der 'scheol' befinden sie sich jedenfalls nicht. Später finden wir bei den Rabbinen ähnliche Auffassungen[28]. Auch bei ihnen ist jedoch klar, daß es sich um eine Zeit der Aufbewahrung, des Wartens handelt. Gleichwohl ist sie ein Zustand des Lebens; denn auch der Garten ist ein "Garten des Lebens" (61,12). Nach den Rabbinen befinden sich die Gerechten nach dem Tod im "Schatzhaus" Gottes, und die Seele ist in den Bund des Lebens eingebunden[29].

Ewiges Leben ist den Gerechten nach den Bilderreden aber noch nicht geschenkt worden; denn es gehört eindeutig zur eschatologischen Vollendung, die nach dieser Schrift erst nach Auferstehung und Gericht eintritt (37,4; 40,9; 58,3; 62,14.16; 71,16f). Die Vollendung bringt eine ewige Lichtherrlichkeit, an der die Gerechten in ihrem Zwischenzustand offensichtlich noch nicht teilhaben[30] (58,3-6; 62,15). Der Schauplatz der endzeitlichen Vollendung ist ohne jeden Zweifel die verklärte Erde (45,5f; 51,5)[31]. Erst jetzt beginnt ein vollendetes Dasein im Licht und in Gerechtigkeit auf der Erde (38,2; 58,5).

Die Sünder kommen nach dem Tode zu einer Stätte der Aufbewahrung, die weder näher beschrieben noch lokalisiert wird (45,2b). Dort bleiben sie bis zum Tag des Gerichts. Im Gericht werden dann alle Sünder von der Erde vertrieben; sie dürfen sie nicht mehr betreten (38,1.3; 45,5f; 53,2; 69,27f). Sie werden aus den Augen der Gerechten weggescheucht (38,3; 62,13; 41,2), ja sogar vernichtet (53,2; 62,2)[32]. Noch schlimmer ergeht es den Königen und Mächtigen, die die Gerechten verfolgt oder unterdrückt haben (vgl. Jes 24,21). Sie werden mit dem Schwert getötet (äthHen 62,10-12) oder von den Plageengeln vernichtet (53,3-5), um dann in das Höllental, in dem das Feuer lodert (54,2), oder in das Totenreich (63,10) geworfen zu werden[33]. Auch hier gibt es eine Flamme. Finsternis wird die Wohnung dieser Verdammten sein und Gewürm ihre Lagerstätte (46,6). Nach dem Vorbild von Jes 66,24 gehen also auch hier Tod und Hölle als Ausdruck des eschatologischen Gerichts ineinander über.

Die Bilderreden bewegen sich, wie man sieht, in traditionellen

Bahnen, was das Los der Sünder betrifft. Das gleiche gilt für die endzeitliche Heilsvollendung der Gerechten. Die verklärte Welt ist die Heimat der Gerechten geworden, nachdem die Sünder beseitigt sind. Das ewige Leben ist da. Dieses Leben ist ein im strengen Sinn dem Tod überlegenes Leben; es ist mehr als das, was die ersten Menschen im Paradies besaßen. Insofern handelt es sich nicht nur um eine bloße Restitution. Nach den ersten Kapiteln der Bibel waren die Welt der Menschen und die Wohnung Gottes voneinander getrennt. Diese Grenze wird nach der Darstellung der Bilderreden in der Heilsvollendung der Gerechten durchbrochen, allerdings nicht so, daß sie in den Himmel aufgenommen werden, sondern, wie es schon in früheren Apokalypsen zu sehen war, in der Weise, daß der Himmel zur Erde heruntersteigt. Ausdrücklich heißt es in den Bilderreden, daß Gott selbst jetzt seine Wohnung auf Erden hat[34] (äthHen 62,14; vgl. Ez 37,27; Jub 1,26-28; äthHen 25,3; Apk 21,3). Die Herrlichkeit und das Licht, an denen die Gerechten im ewigen Leben teilhaben, sind in Wirklichkeit ein himmlisches Licht und eine himmlische Herrlichkeit (vgl. äthHen 38,2; 58,3-6; 62,15).

Eine Verbindung zwischen Himmel und Erde bildet auch der Menschensohn, der bekanntlich in dieser Schrift eine zentrale Rolle als Heilsgestalt besitzt. Der Ort des Menschensohns war zunächst der Himmel (40,5; 46,1ff; 62,7). In der Endzeit wird er aber den Gerechten auf der Erde offenbart (48,7; 51,5; 69,29), und dann werden diese in Ewigkeit mit ihm zusammensein (62,14; 71,17). In ihm sind die Kräfte und die Weisheit des Himmels auf der Erde erschienen (46,3; 49,4; 55,4; 61,1-13).

Einen Unterschied zu den früher behandelten Apokalypsen bildet der Glaube, daß die abgeschiedenen Gerechten in der himmlischen Welt ihren Aufenthalt haben. Diese Vorstellung ist uns früher nicht begegnet. So wie sie in den Bilderreden vorliegt, erinnert sie an die Anschauung der rabbinischen Gelehrten vom ersten Jahrhundert an. Da sich diese Anschauung in keiner vorchristlichen palästinischen Schrift nachweisen läßt, ist es möglich, daß die Bilderreden des Henoch aus einer späteren Zeit stammen als die übrigen Traktate, die im äthiopischen Henoch-Buch gesammelt sind. Bestärkt wird diese Annahme dadurch, daß man in den Höhlen von Qumran keine Fragmente der Bilderreden gefunden hat, während die übrigen Traktate in Fragmenten vorliegen.

Vor einer abschließenden Beurteilung dieser Frage betrachten wir einige jüdische Schriften, die nach allgemeiner Auffassung der vorchristlichen Zeit angehören, um zu untersuchen, ob etwa dort die dargelegte Anschauung vom himmlischen Aufenthalt der verstorbenen Gerechten zu finden ist. Von hellenistisch-jüdischen Texten dürfen wir dabei absehen. Was die palästinischen Schriften betrifft, so müssen wir auch solche heranziehen, die nicht eigentlich apokalyptisch sind, jedoch apokalyptisches Material enthalten.

6. Die Psalmen Salomos

Die Psalmen Salomos werden im allgemeinen in die Mitte des ersten Jahrhunderts v.Chr. datiert. Obwohl sie jetzt in griechischer Gestalt vorliegen, wird angenommen, daß sie hebräisch abgefaßt wurden.

Von einer Auferstehung der Toten ist an einer Textstelle deutlich die Rede (PsSal 3,12)[1]. An ihr haben jedoch nur die Gerechten Anteil. Die Sünder hingegen gehen im eschatologischen Gericht auf ewig zugrunde (15,12); sie fallen dem Zornesfeuer Gottes anheim (15,4f; 12,4). Alsbald nach ihrem Tod kommen sie zum finsteren Hades, was an sich schon Verderben bedeutet (14,9; 15,10; 16,2)[2]. Die Sünder werden ein "ewiges Verderben in Schmach" erleiden (2,31), während die Gerechten durch die Auferstehung des ewigen Lebens im Licht teilhaftig werden (3,12; vgl. 13,11). Die Terminologie dieser Textstellen verrät den Einfluß von Dan 12,3. Nirgendwo ist von einem himmlischen Aufenthalt der verstorbenen Gerechten die Rede. Allerdings wird über ihren Zwischenzustand nichts gesagt. Wo sie sich vor dem Gericht befinden, bleibt also unklar. Der Rückgriff auf Dan 12 verbietet, an den Himmel zu denken.

Das Leben nach der Auferstehung ist allem Anschein nach als ein irdisches gedacht, und zwar im Rahmen der frommen jüdischen Gemeinde (14,3-5)[3]. Diese Vermutung läßt sich sehr wohl mit PsSal 3,12b vereinbaren. Das Licht des ewigen Lebens braucht keineswegs ein Licht im Himmel zu sein (vgl. Dan 12,3)[4]. Überhaupt bewegen sich die Psalmen Salomos in traditionellen Bahnen, was ja auch zu erwarten ist, wenn

Dan 12 für sie als Muster diente.

7. Die Testamente der Zwölf Patriarchen

Ein ähnliches Bild begegnet uns in den Testamenten der Zwölf Patriarchen . Da die Römer hier noch nicht vorkommen, muß diese Schrift vor dem Jahre 63 v.Chr. entstanden sein, was natürlich die Möglichkeit einer späteren Bearbeitung und späterer Interpolationen nicht ausschließt. Meiner Meinung nach ist diese Schrift aber nicht in einem hellenistischen Milieu entstanden.

In dem reichhaltigen apokalyptischen Material der Testamente ist die Vorstellung von der Auferstehung und dem darauf folgenden Gericht vorherrschend[1]. Dan 12,2f wirkt auch hier deutlich nach, wenn es heißt: "Dann werden alle auferstehen, die einen zur Herrlichkeit, die anderen zur Schande" (TestBenj 10,8; vgl. TestJud 25,4). Von dem "Tag des Gerichts" wird mehrmals gesprochen (TestLev 1,1; 3,2f; 4,1). Von einem Gericht unmittelbar nach dem Tod lesen wir in späteren Schriften (TestAbr 10,3f; 11,2f; 12,1)[2]. Der Kontext des Gerichts ist überall eschatologisch, so im Jubiläenbuch und im äthiopischen Henoch-Buch 91 - 104 (vgl. auch äthHen 10,6; 22,4.13). Vor dem Hintergrund von Textstellen wie Dan 12,2f; Jes 24,22 und 26,21 ergibt sich so ganz natürlich der eschatologische Kontext des Gerichtsgedankens auch in den Patriarchen-Testamenten.

Der Zweck von Auferstehung und Gericht ist die Welt- und Heilsvollendung. Von einer Auferstehung der Heiden ist nichts zu finden[3]. Die Gerechten unter den Heiden bekommen jedoch am eschatologischen Heil Anteil. Als politische Macht werden die Heiden besiegt, und zwar entweder vom Messias (TestJud 24,6; TestJos 19,8) oder von Gott selbst (TestSim 6,3-4); Israel soll nicht mehr gefangengenommen werden und Jerusalem keine Verwüstung mehr erdulden (TestDan 5,12f); der Teufel und die bösen Geister sind besiegt (TestLev 18,12); die Sünder sind gerichtet und fallen einer ewigen Verdammnis anheim (TestSeb 10,3). Es ist augenfällig, daß der Heilsort die Erde ist[4].

Gott selbst wohnt nun unter den Menschen (TestNaph 8,3). Der Gedanke, daß Gott zur Erde kommt[5], ist uns bereits mehrmals in Schriften dieser Epoche begegnet (vgl. Jub 1,17; äthHen 25,3). Die Grundlage dafür ist bereits im Alten Testament zu finden.

Erstaunlicherweise gibt es in den Testamenten eine Textstelle, die das ewige Leben sofort nach dem Tod beginnen läßt und die man gern gegen die Lehre von der Auferstehung und Heilsvollendung auf der Erde ausspielt. In TestAss 6,5f besagt der Text nach einer Lesart, die oft vorgezogen wird: "Wenn die Seele unruhig fortgeht (d.h. stirbt, Anm.d.V.), wird sie von dem bösen Geist gequält, dem sie auch diente in Begierden und mit bösen Werken, wenn aber ruhig mit Freude, lernt sie den Engel des Friedens kennen, und er führt sie ins ewige Leben." Hier erhält die Seele das ewige Leben nach dem Tod und ohne Rücksicht auf den Körper. Obwohl es nicht gesagt wird, liegt der Gedanke nahe, daß die betreffende fromme Seele in den Himmel gebracht wird und dort das ewige Leben empfängt. Die Auferstehung scheint dann überflüssig zu werden[6].

Aber der Text ist an dieser Stelle unsicher. Die andere Lesart lautet: der Engel des Friedens "tröstet sie mit (oder im, Anm.d.V.) Leben". Dieses Verständnis des Textes findet sich auch bei A. HULTGÅRD[7] und bei F. SCHNAPP[8]. Der Gedanke, daß die fromme Seele in der Zeit zwischen Tod und Auferstehung lebt und nicht tot ist, hat uns schon beschäftigt und ist zu dieser Zeit ganz legitim. Dagegen ist die Vorstellung, daß die Seele des Frommen sofort nach dem Tod das ewige Leben erhält und dieses sogleich beginnt, in dieser Epoche des Judentums ohne Parallele. An den Textstellen, wo sich der Ausdruck "ewiges Leben" findet, ist er eschatologisch ausgerichtet. In PsSal 3,12 wird er direkt mit dem Auferstehungsgedanken kombiniert (vgl. äthHen 40,9; 58,3).

Nach A. HULTGÅRD findet sich die Wendung "das ewige Leben" in den Testamenten nur an einer einzigen Stelle, und zwar im TestAss 5,2. Da diese Stelle nicht weit von TestAss 6,6 entfernt steht, erfordert sie einen Kommentar. Der Sinn dieses Textes ist meines Wissens noch nicht geklärt. Der Vers lautet in der Übersetzung: "Dem Leben folgt der Tod, der Ehre die Schande, dem Tag die Nacht, dem Licht die Finsternis. Das Ganze aber steht unter dem Tag, unter dem Leben das Gerechte, unter dem Tod das Ungerechte"[9]. Der Sinn des Satzes ist: Wie das Dasein voll von Gegensätzen ist, so muß auch das ewige Leben sich damit abfinden, den Tod als seinen Gegensatz zu haben. Das ewige Leben ist ein Leben ohne Tod. Trotzdem muß es vorläufig den Tod aushalten. Aber einmal wird das Positive über das Negative siegen. Nur ist die Zeit dafür noch nicht da, solange der Tod von der Auferstehung noch nicht besiegt ist. Es ist also nicht die Absicht des Verfassers, das Todesschicksal gegen die Auferstehung auszuspielen.

Zusammenfassend können wir für die Testamente der Zwölf Patriarchen sagen, daß ihre Eschatologie in den uns bereits vertrauten traditionellen Bahnen verläuft. Diesmal ist der Hintergrund nicht in den letzten Kapiteln des Jesaja-Buchs zu suchen, sondern in den Texten des Alten Testaments, die mit Auferstehung und Gericht rechnen, einschließlich Dan 12,2f.13. Wir haben gesehen, daß die Apokalypsen dieser Epoche auf diesen Traditionen beruhen. In der weiteren Entwicklung wird die Auferstehungstradition die wichtigere, während die andere als inhaltlich unzulänglich empfunden wird. Aber wichtig ist nun, daß beiden gemeinsam ist, den Heilsort auf der Erde zu suchen. Von einer Aufnahme in den Himmel ist in keiner Tradition die Rede. Im Gegenteil, die Gottesgegenwart besteht darin, daß Gott auf die Erde hinuntersteigt und unter den Menschen seine Wohnung aufschlägt. Auch dieser Gedanke ist beiden Traditionen gemeinsam.

Neu gegenüber dem Alten Testament ist eine beginnende Reflexion über die Lage der Verstorbenen, genauer ihrer Seelen. Daß die Seelen der Frommen nach dem Tod irgendwo im Himmel sind, haben wir bisher nur in den Bilderreden des äthiopischen Henoch-Buchs gefunden. Aber diese Beobachtung gab zu der Frage Anlaß, ob diese Bilderreden noch in die vorchristliche Zeit gehören oder ob sie späteren Datums sind.

8. Die Texte von Qumran

Ein schwieriges Kapitel bildet die Frage nach der Eschatologie der Qumran-Gemeinde. Die Texte von Qumran können nicht als eigentlich apokalyptisch bezeichnet werden. Trotzdem müssen wir uns ein wenig mit diesen Texten beschäftigen. Es ist unmöglich, das Judentum des ersten Jahrhunderts v.Chr. zu behandeln, ohne die Qumran-Texte und ihre Anschauungen das Gesamtbild des Judentums mitbestimmen zu lassen. Eigentümlicherweise enthalten diese Texte keinen einzigen Satz, der mit Sicherheit von einer Auferstehung der Toten spricht. Dagegen gibt es einige Textstellen, die sich der Terminologie der Auferstehungsstellen Jes 26,19 und Dan 12,2 bedienen oder zumindest an sie erinnern. Zwei dieser Textstellen sind: "Alle Söhne seiner (Gottes, Anm.d.V.) Wahrheit werden erwachen" und "Die im Staube liegen, heben ein Panier auf. Und der Wurm der Toten richtet ein Banner auf" (1QH VI, 29 und 34; vgl. XI, 12). Mit Recht darf man hier von einer Verwendung von Auferstehungs- und damit verwandter Termini sprechen (vgl. Dan 12,2; Jes 66,24). Der Kontext läßt jedoch kaum eine Deutung im Sinne einer eschatologischen Auferstehung zu. Eher muß man an eine schon realisierte Auferweckung von den Toten im jetzigen Leben des Frommen denken, also an eine Auferweckung im übertragenen Sinn[1]. Daß dieser Gedanke, den wir aus dem Neuen Testament kennen, sonst nicht im Judentum zu finden ist, ist wohl kein entscheidender Einwand gegen eine solche Deutung. Die Parallelen der Qumran-Texte zum Neuen Testament sind ja oft eng.

Trotzdem können wir annehmen, daß die Qumran-Gruppe sicher einer eschatologischen Vollendung entgegensah. Jedoch war ihr Interesse wohl nicht so sehr auf den einzelnen gerichtet wie auf das Volk oder vielmehr auf ihre eigene Gemeinde als das wahre Volk Gottes. Ihre Anschauung erinnert an die Auffassung des Jubiläen-Buchs. Dies kann nicht verwundern, da man auch sonst Übereinstimmungen zwischen ihnen festgestellt hat. Das Ziel der Weltentwicklung ist nach den Qumran-Texten wie nach dem Jubiläen-Buch eine Erneuerung der Schöpfung (1QS IV, 25; 1QH XIII, 11f) oder eine Erneuerung von allem, was ist (1QH XI, 13f). Im Zusammenhang damit soll auch eine Heimsuchung eintreten, durch die jeder Mensch gerichtet wird (1QS IV, 6.11.19.26). Den Söhnen der Wahrheit wird Heilung, ewige Freude und ewiges Leben in Licht und Herrlichkeit zuteilwerden (1QS IV, 7f). Die Sünder dagegen werden durch die Heimsuchung einem ewigen Verderben unter Gottes Zorn übergeben werden und eine ewige Schmach und Schande im finsteren Feuer der Hölle erleiden, was mit ihrer völligen Vernichtung enden wird (1QS IV, 11-14). Dann wird die Zeit des Frevels und der Sünde vorbei sein. Die Wahrheit wird in der Welt herrschen (1QS IV, 18f), und diejenigen Menschen, die gerettet werden, werden durch den Heiligen Geist in ihrem Innern von aller Sünde gereinigt werden (1QS IV, 20-23). Die Herrlichkeit, die der erste Mensch besaß, wird dann zurückgewonnen sein (1QS IV, 23).

Über einen Zwischenzustand zwischen Tod und Gericht wird in diesen Texten nicht reflektiert. Man hat aber auf das Bewußtsein der Gemeinde hingewiesen, bereits in diesem Leben mit der himmlischen Welt und den heiligen Engeln Gemeinschaft zu haben (1QS XI,7b - 9a; 1QH XI,10 - 14)[2]. NICKELSBURG und CAVALLIN sind der Meinung, daß man aus dieser Beobachtung folgern darf, der Tod habe für die Qumran-Gruppe nur wenig Gewicht, weil sie an eine sofortige Aufnahme in die himmlische Welt nach dem Tod geglaubt habe[3]. Das ewige Leben bedeutete für sie ein himmlisches Leben zusammen mit den Engeln sofort nach dem Tod und dann in alle Ewigkeit.

Die genannten Forscher können sich anscheinend nicht vorstellen, daß die endzeitliche Gemeinschaft mit den Engeln auf der Erde - natürlich auf der erneuerten Erde - stattfinden wird. Das ganze Interesse dieser Gemeinde kreist um die Zukunft des Geschichtsverlaufs, also um die Frage, was mit ihr selbst, mit Israel und mit der Welt geschehen wird. Sie hätten wohl nicht von einer Erneuerung der Welt und der Schöpfung geredet, wenn das Heilsziel oben im Himmel läge.

Wir müssen vermuten, daß ewiges Leben auch für die Qumran-Gruppe dasselbe bedeutet wie für die Verfasser der bereits behandelten apokryphen Schriften. Das Endziel liegt auch für die Qumran-Gemeinde darin, daß die himmlische Herrlichkeit und das himmlische Licht auf der von Gott geschaffenen und von ihm erneuerten Erde Wirklichkeit werden. Diese Anschauung findet sich in der Weiterentwicklung alttestamentlicher Vorstellungsweisen. Das Neue ihnen gegenüber liegt darin, daß das Leben der künftigen Erfüllung angefangen hat, sich jetzt, in diesem Leben, zu realisieren. Aber das hebt, ebensowenig wie im Neuen Testament, die Notwendigkeit einer künftigen Erfüllung auf. Aus diesen Gründen verblaßten für die Qumran-Gruppe allerdings die Fragen, die das Los des Individuums nach dem Tode betreffen. Im Glaubenserlebnis hat der einzelne die Gewißheit, einmal der eschatologischen Vollendung des Lebens teilhaftig zu werden. Weniger wichtig ist daher, wie sich dies für jeden persönlich verwirklichen wird. Die Hauptsache für die Autoren der Qumran-Texte war die Zukunft des wahren Volkes Gottes.

Darin sind sie sich mit dem Jubiläen-Buch einig[4].

9. Die Himmelfahrt Moses - Das Testament des Mose

Die Datierung der "Himmelfahrt Moses" hängt von der Deutung der historischen Ereignisse ab, die sich in der Darstellung widerspiegeln. Gewöhnlich wird die Entstehung dieser Schrift um die Zeitwende oder etwas später angesetzt[1]. Dann handelt das Kap. 6 von Herodes dem Großen und seinen Söhnen. Neuerdings hat NICKELSBURG eine viel frühere Datierung versucht[2]. Er nimmt seinen Ausgangspunkt in Kapitel 8, wo die Religionsverfolgung sehr gut zu der Verfolgung durch Antiochus Epiphanes in den Jahren vor 164 v.Chr. paßt[3]. Ich halte jedoch an der gewöhnlichen Datierung um die Zeitwende oder einige Jahre danach fest.

Vor allem das 10. Kapitel ist im strengen Sinn eschatologisch orientiert und beschäftigt uns deshalb besonders. Es beginnt mit dem Erscheinen der Königsherrschaft Gottes über seine Schöpfung (vgl. auch AssMos 12,13). Daraus erklärt es sich, daß die Szene eine Gerichtsszene ist: Der Satan wird besiegt und entfernt, und die Feinde Gottes, die mit den Feinden des Volkes Gottes identisch sind, werden bestraft (10,2.7); das Volk Israel aber wird glücklich sein (10,8).

Auch hier müssen wir nach dem Schauplatz des künftigen Heilszustandes fragen. Daß Gott als der Schöpfer im alttestamentlichen Sinn auftritt, ist deutlich (10,1.10; 12,4). Vom Erscheinen Gottes auf der Erde ist jedoch in dem erhaltenen Text nicht die Rede. Er bricht leider bei dem Vers ab, in dem man diesen Gedanken erwartet (12,13).

Etwas anderes ist die Theophanie, von der in 10,3-6 die Rede ist. Sie beruht auf Material aus den Theophanien des Alten Testaments (vgl. Jes 13,10; Ez 32,7f; Joel 2,10; 3,4). So wenig wie dort bedeuten die Naturkatastrophen, die das Hervortreten Gottes begleiten, nun den Untergang der Welt. Am radikalsten ist die Aussage in Vers 6a, daß das Meer bis zum Abgrund zurückweichen wird. Hier liegt es nahe, an Apk 21,1 zu denken, wo von einem neuen Himmel und einer neuen Erde die Rede ist, zusammen mit dem Nicht-mehr-Dasein des Meeres. Das Meer bildet ja nach Gen 1,2 die Voraussetzung für die Erschaffung der Erde. Das "Ende der Welt" (AssMos 12,4) braucht nicht mehr zu bedeuten, als daß diese böse Welt zu Ende geht. Allerdings bleibt die Aussage der Schrift hier unklar.

Nun sind mehrere Forscher der Meinung, daß der Heilsort nach dieser Schrift der Himmel sei[4]. Man verweist dafür auf die Verse 10,8-9. In Vers 8 - 10 wird mit Bezug auf die Heilszeit gesagt, daß Israel glücklich sein wird, "und du wirst auf die Nacken und Flügel des Adlers hinaufsteigen ..., und Gott wird dich erhöhen, und er wird dir festen Sitz am Sternenhimmel verschaffen, am Ort ihrer Wohnung. Und du wirst von oben herabblicken und deine Feinde auf Erden sehen und sie erkennen und dich freuen, und du wirst danksagen und dich zu deinem Schöpfer bekennen".

Der Text ist leider an einigen Stellen verderbt, so daß die Rekonstruktion zum Teil von der Exegese abhängig ist. Eindeutig sind jedoch die beiden Bilder des Adlers und der Sterne des Himmels. Eine verbreitete Interpretation ist nun, daß der Adler sich auf die Weltmacht Rom bezieht (vgl. IV Esr 11, 45)[5]. Eine andere Möglichkeit der Erklärung ergibt sich jedoch, wenn man davon ausgeht, daß der Adler nach Dt 32,11; Ex 19,4 ein Bild für Gott ist, der Israel auf seinen Flügeln trägt. Die erste dieser beiden Stellen ist hier besonders wichtig. Die Schrift ist ein Testament des Mose, und sie baut auf Dt 31 - 34 auf[6]. Mit einer direkten Anspielung auf Dt 33,29b muß man in AssMos 10,8-10 rechnen[7]. Es liegt deshalb nahe, auch mit einer Anspielung auf Dt 32,11 zu rechnen.

Die Erhöhung zu den Sternen braucht nicht buchstäblich gemeint zu sein, obwohl dies vielfach angenommen wird[8]. In Dan 8,10 werden die frommen Juden als "Sterne des Himmels" bezeichnet (vgl. auch äthHen 46,7), auch ist die Erhöhung in den Himmel ein vielgebrauchtes Bild für die Übernahme von Macht und Herrschaft[9] (Jes 14,13; Ob 4; Jer 49,16; 51,53; PsSal 1,5). Aus den zitierten Stellen geht auch hervor, daß das Hinabgestürztwerden von der Höhe ein Bild für Katastrophe und Niederlage ist (vgl. auch Mt 11,23). Entsprechend wird das Schicksal der Feinde nach dem Gericht sein. Das Bild, das uns diese Apokalypse zeichnet, ist aber nicht in jeder Hinsicht klar. Indes sind die wichtigen Verse 10,8-10 wahrscheinlich eben nicht in dem Sinn zu interpretieren, daß das Ziel der Heilsgeschichte ein Emporgehobenwerden in den Himmel sei[10].

Im Hintergrund steht auch hier das Buch Daniel. Auch dort (Dan 2,44; 7,22.27) ist das letzte Ziel Gottes die Errichtung seines Reiches. Nur die Angehörigen des Gottesvolkes werden seine Bürger sein. Den heidnischen Völkern bleibt in der Vollendung die Aufgabe, Untertanen Israels zu sein (AssMos 7,27). Auch im Buch Daniel ist die Verfolgung ein wichtiges Thema (Dan 8,11.24f; 11,31ff; 12,7). Aber das persönliche Schicksal der Individuen nach dem Tod interessiert den Verfasser der "Himmelfahrt Moses" nicht. Sein Interesse richtet sich auf die Zukunft des Volkes Gottes, da sie für ihn gleichbedeutend mit der Zukunft der Menschheit und der Vollendung der Weltgeschichte ist.

10. Die Bilderreden des äthiopischen Henoch-Buchs und der Rabbinismus des 1. Jahrhunderts n.Chr.

Die Vermutung, daß die Bilderreden des äthiopischen Henoch-Buchs der nachchristlichen Zeit angehören, hat sich bestätigt. In keiner palästinischen Schrift aus vorchristlicher Zeit, die hier in Betracht kommt, haben wir die Vorstellung gefunden, daß die Seele des Gerechten in den Himmel erhoben wird, um dort im Zwischenzustand zu verweilen oder eventuell für immer dort zu bleiben. Tatsächlich finden sich Belege für die Vorstellung, daß das Paradies im Himmel gelegen sei, erst in den Apokalypsen der nachchristlichen Zeit. In Frage kommen hier die Stellen ApkMos 37,5 und TestAbr A 20 (vgl. B 14,7; 7,16f; slHen B 8,1ff; 65,10)[1].

Von den Rabbinen des 1. Jahrhunderts n.Chr. hören wir zunächst nichts über den himmlischen Aufenthalt der Seelen. In den Diskussionen zwischen Schammai und Hillel bleibt diese Frage unberührt[2]. Beide Schulen nehmen dagegen Bezug auf Dan 12,2; dadurch wird es wenig wahrscheinlich, daß sie an eine Aufnahme der Seelen der Gerechten in den Himmel oder in das Paradies nach dem Tod gedacht haben. Nach P. BILLERBECK ist der berühmte Rabban Jochanan Ben Sakkai der erste unter den rabbinischen Gelehrten, der diese Lehre vertreten hat[3]. BILLERBECK führt aus der Überlieferung die Worte des sterbenden Jochanan an, in denen er von den beiden Wegen ins Jenseits spricht: der eine gehe zum Paradies, der andere zur Hölle, und er wisse nicht, welchen Weg man ihn führen werde. Nun hat J. NEUSNER in seinem Buch über Jochanan Ben Sakkai[4] zu zeigen versucht, daß die geschilderte Szene in dieser Form nicht auf Jochanan selbst zurückgeführt werden kann. Es gibt jedoch sonst genügend Äußerungen von ihm, die belegen, daß er die Lehre von der Aufnahme in den Himmel vertreten hat[5]. Das hat ihn überhaupt erst zu einer nach oben gerichteten Frömmigkeit geführt. Er blickte eben nicht so sehr in die Zukunft, um von daher die Erlösung zu erwarten; er blickte nach oben zum Himmel, obwohl er natürlich den eschatologischen Ausblick nicht aufgegeben hatte.

Die Gehenna ist als eine schon existierende Größe von Rabban Jochanan unter der Erde lokalisiert worden, obwohl man zu dieser Zeit noch sehr genau wußte, daß der Name "Gehinnom" das Tal südlich von Jerusalem bezeichnete. Statt die Bestrafung der Verdammten an diesem Ort in der eschatologischen Zeit geschehen zu lassen wie in äthHen 26 - 27, beläßt er die Gehenna an demselben Ort, nur daß sie sich unter der Erde befindet. Zwei Dattelpalmen im Tal Ben Hinnom, zwischen denen Rauch aufstieg, veranlaßten Rabban Jochanan zu der Annahme, daß eben dort der Eingang zur Gehenna sei[6].

Daß Rabban Jochanan Ben Sakkai und später auch andere Rabbinen apokalyptischen Interessen nachgingen, geht aus den Quellen deutlich hervor[7]. Meist verbindet man mit der Bezeichnung "Apokalyptik" die Vorstellung von durch Offenbarung geschenkten Mitteilungen über die Zukunft, genauer die Endzeit, und über das Schicksal des Menschen im Jenseits. Daneben gibt es eine kosmologisch-theosophische Form der Apokalyptik, die mit dem Aufbau des Kosmos beschäftigt ist, z.B. mit astronomischen Fragen, kurz: mit Dingen, die nach unserer Denkweise zum Weltbild gehören[8]. Indes hat im apokalyptischen Weltbild der Kosmos seine obere Grenze nicht bei den Gestirnen, sondern in mehreren Himmeln, die übereinander liegen und die zu durchschreiten sind, ehe man zum Thron Gottes als der höchsten Spitze des Kosmos gelangt. Auch diese Art des apokalyptischen Denkens zählt zur jüdischen Apokalyptik. So wird zum Beispiel berichtet, wie der Apokalyptiker zum Himmel emporsteigt, bis er den Thron Gottes schaut, wo die Engel den Heiligen besingen (äthHen 39,3ff). Es war unverkennbar diese Form der Apokalyptik, für die sich Rabban Jochanan Ben Sakkai interessierte. Den Ausgangspunkt im Alten Testament bildet dabei die Schilderung des

Thrones Gottes in Ez 1, die sogenannte "Thronwagenerscheinung".

In den apokalyptischen Schriften der Zeit nach 100 n.Chr. tritt die eschatologische Orientierung mehr und mehr zurück. In der zweiten Hälfte des 1. Jahrhunderts n.Chr. befindet sich die vertikale, sich nach oben und unten orientierende Apokalyptik noch in ihrem Anfangsstadium. Auf das neutestamentliche Denken übte sie jedoch keinen Einfluß aus.

In dieses Stadium der Entwicklung gehören offensichtlich auch die Bilderreden des äthiopischen Henoch-Buchs. Hinsichtlich deren Datierung können wir nun zu einem Ergebnis gelangen. Da sich nach ihnen die Seelen zwischen Tod und Auferstehung in dem Paradies befinden, das ganz deutlich irgendwo im Himmel liegt, sehen wir uns veranlaßt anzunehmen, daß die Bilderreden nicht der vorchristlichen Zeit angehören.

Gegen J.T. MILIK[9], der die Bilderreden um Jahrhunderte später datiert und sie als eine christliche Schrift auffaßt, schließe ich mich den Einsichten von M.A. KNIBB[10] an. Auch für mich sind die Bilderreden ihrem Inhalt nach jüdisch und können deshalb als Quelle für die Erfassung der jüdischen Apokalyptik herangezogen werden. KNIBB datiert sie gegen Ende des 1. Jahrhunderts n.Chr.[12]; das ist mit den hier vorgetragenen ideengeschichtlichen Ergebnissen vereinbar. Die Bilderreden in äthHen sind von Interesse, weil sie eine Tendenz in Richtung auf die nicht-eschatologische Apokalyptik auf palästinischem Boden sichtbar werden lassen, also einen Anfang der vertikalen Orientierung bilden.

11. Die Esra-Apokalypse (IV Esr)

Die Esra-Apokalypse ist von besonderem Interesse, weil sie in die Vulgata, wenn auch in einem Anhang, Aufnahme gefunden hat. Der Haupttext ist die lateinische Übersetzung. Die griechische Vorlage existiert, von Zitaten bei den Kirchenvätern abgesehen, nicht mehr und erst recht nicht der vermutete semitische - hebräische oder aramäische - Urtext. Da die westliche Kirche diese jüdische Apokalypse in gewisser Weise kanonisiert hat, wird es von einiger Bedeutung sein zu sehen, welche Auffassung sie in den von uns behandelten Fragen hat. IV

Esr ist nach allgemeiner Auffassung um 100 n.Chr. entstanden, auf jeden Fall nach der Zerstörung Jerusalems im Jahre 70.

Nur andeutungsweise erscheint in dieser Schrift die Vorstellung, daß die Seele des Gerechten nach dem Tod zum Himmel emporgehoben
wird. Es wird genau dargelegt, was unmittelbar nach dem Tod des Gerechten und auch des Sünders geschieht. Im Tod "trennt sich der Geist
vom Körper und kehrt zu dem zurück, der ihn gegeben hat (zu Gott,
Anm.d.V.), um zunächst vor der Herrlichkeit des Höchsten anzubeten"
(IV Esr 7,78). Offensichtlich ist hier von den Gerechten die Rede;
denn in der Fortsetzung, die wir in 7,91 vorliegen haben, heißt es,
daß "sie schauen mit lautem Frohlocken die Herrlichkeit dessen, der
sie zu sich nimmt". Aber dieser Zustand dauert für sie nur sieben Tage. Danach werden sie in ihre Kammern versammelt (7,101). Und diese
Kammern, in denen sie bis zum Tag der Auferstehung verwahrt werden,
sind in der 'scheol' (4,41.35; 7,32).

Das Los der Gerechten fällt schon in dieser Phase nicht mit
dem der Sünder zusammen. Für diese ist es ein Teil ihrer Strafe, daß
sie von den Ruhekammern ausgeschlossen werden (7,80). Die Sünder müssen nach dem Tod ohne Ruhe umherschweifen. Die Gerechten hingegen befinden sich in ihren Kammern im Schutz der Engel (7,85.95; 4,35f), "in
tiefem Frieden" (7,95), und genießen die Ruhe (7,91.95). Diese Vorstellung von Kammern, in denen die Geister der Gerechten aufbewahrt
werden, hat zweifelsohne ihre biblische Grundlage in Jes 26,20. In den
Kammern genießen die Geister eine siebenfache Freude, die dann in der
Hauptsache darin besteht, daß sie, die an ihr in Treue gegen Gottes
Gesetz wohlgelungenes Leben zurückdenken dürfen, einmal das Antlitz
dessen schauen dürfen, dem sie im Leben gedient haben (7,92-98).

Nach diesen Versen fällt ein Licht von der Herrlichkeit der
endzeitlichen Vollendung, die in der kommenden Welt erfolgt, in den
Zwischenzustand hinein. Nun meint allerdings P. VOLZ, daß sich die
Seele im Himmel (7,88f) befindet[1] und nur nach einer früheren Stelle
im Hades (4,41)[2]. Jedoch setzt auch Vers 7,32 deutlich voraus, daß die
Kammern in der Erde, in der Unterwelt, zu denken sind.

Es kann jedoch behauptet werden, daß der Geist des Gerechten
die ersten sieben Tage, nachdem er nach seinem Tod zu seinem Schöpfer
aufgestiegen ist, im Himmel weilt. In diesen sieben Tagen schaut er

die Herrlichkeit Gottes (7,91) und betet ihn an (7,78). Das Hauptgewicht dieses Abschnitts liegt darauf, daß der Zustand nach dem Tod ein Wartezustand ist (vgl. 4,35). Auch in dieser Apokalypse ist die Hauptsache nicht das postmortale Schicksal des einzelnen, sondern die Vollendung des Menschengeschlechts beim Anbruch der neuen Welt, also auf der erneuerten Erde.

Mit P. BILLERBECK[3] vermag ich zu sagen, daß der Verfasser unter einem gewissen Druck von seiten eines zu seiner Zeit neu aufgekommenen Gedankens gestanden hat, nämlich eben des Gedankens, daß die Seele des Frommen es verdient habe, sofort nach dem Tod in die Nähe Gottes zu kommen, nachdem sie die Leiden und Versuchungen des irdischen Lebens ausgestanden hat. Es mag richtig sein, daß er deshalb die sieben Tage in sein zeitliches Schema eingeflochten hat. Denkbar ist auch, daß die religionsgeschichtlich bekannte Vorstellung eingewirkt hat, wonach der Sterbende im Augenblick des Abscheidens oder kurz danach ein visionäres Erlebnis habe. Das bedeutet jedoch nicht, daß der Apokalyptiker das große Endziel Gottes aus den Augen verliert und vergißt.

Der Verfasser der Esra-Apokalypse hat jedenfalls gewußt, daß eine kurze Aufnahme in den Himmel nicht schon die Vollendung sein könne. Sie war für ihn auch keine Vorwegnahme der Vollendung. Es kann kein Zweifel darüber bestehen, daß er die erneuerte Erde als Stätte des zukünftigen Äons angesehen hat[4]. Der Schauplatz der Endvollendung ist auch in dieser Schrift nicht der Himmel. Die jetzige Welt ist nur die "erste Welt" (6,55), eine Welt der Vergänglichkeit und Verderbtheit (4,11.26; 6,20; 7,112). "Als Adam die göttlichen Gebote übertreten hatte, wurde die Schöpfung gerichtet; daher sind die Wege in diesem Äon schmal und traurig und mühselig geworden, elend und schlimm, voll von Gefahren und nahe an großen Nöten" (7,11f). Nachdem diese Welt zum Acker der bösen Saat geworden ist, vermag sie die Verheißungen, die den Frommen gegeben sind, nicht zu vermitteln; denn sie ist erfüllt von Trauer und Ungemach (4,27f).

Ein Mann, der sich so ausdrückt, kann nicht die Lösung aller Probleme darin sehen, daß er zu Gott in den Himmel kommt. Er wartet darauf, daß Gott eine neue Welt schafft (7,30f), eine Welt, die ewig ist, eine Welt, in der die Verderbnis vorüber, die Zuchtlosigkeit ausgetrieben, der Unglaube vertilgt ist, in der aber die Gerechtigkeit und die Wahrheit aufblühen (7,113f). Gott hat zwei Äonen geschaffen (7,50). Auch die kommende Welt ist also eine Welt, in der Menschen leben. Sie ist eine Welt der Herrlichkeit (8,51). Dann ist "das Paradies geöffnet, der Lebensbaum gepflanzt, die Stadt erbaut, die Krankheit getilgt, der Tod verborgen, der Hades entflohen, die Vergänglichkeit vergessen, sind die Schmerzen vorüber, aber des Lebens Schätze offenbar" (8,52-54). In Anspielung auf Dan 12,3 werden die Gerechten wie Sterne scheinen (7,77.25a), und ihre Existenz wird himmlisch verklärt sein. "Das Paradies der Seligkeit"(7,36.123; 8,52) ist nicht im Himmel zu suchen.

Nach der älteren Tradition liegt das Paradies als Ort des Heils auf der Erde (äthHen 25,4f)[5]. Dem Paradies gegenüber liegt dann der "Ofen der Gehenna" (IV Esr 7,36). Die Gehenna ist also auch nach dieser Schrift eine eschatologische Größe[6]. Die alte eschatologische Lokalisierung (vgl. Jes 66,24) wurde beibehalten; jedoch wird jetzt das Paradies als Stätte der Seligkeit genannt und nicht Jerusalem. Aber das Paradies und Jerusalem stehen einander nahe (vgl. IV Esr 8,52) und können als Synonyme gelten[7].. Das Gegenüber von Paradies und Gehenna ist in äthHen 25,4f und 37,1f deutlich erkennbar. Da nun die Gehenna aber unmöglich im Himmel sein kann, muß dies auch für das Paradies gelten.

Der Verfasser der Esra-Apokalypse spricht gelegentlich von einer allgemeinen Auferstehung (7,31f.35.37) und setzt sie an anderen Stellen voraus (5,41f; 4,35ff). Auf die allgemeine Auferstehung folgt dann das Gericht (IV Esr 7,33ff; 14,35; 5,42). Zuvor jedoch bricht das Reich des Messias an als messianische Vorperiode, die bis zum Gerichtstag dauern wird (7,26-28; 12,34). Dieses Reich ist an das Land Palästina gebunden, und seine Hauptstadt ist Jerusalem (9,38 - 10,58), allerdings ein in Herrlichkeit erneuertes Jerusalem[8]. Nach dem Untergang Roms bringt das messianische Reich für das Volk Gottes die Weltherrschaft mit sich (6,7-10; 11-13)[9]. Das Messias-Reich liegt also in der Fortsetzung der bisherigen Geschichte. Die kommende neue Welt ist demgegenüber eine transzendente Größe; aber ihr Ort ist nicht der Himmel. Das Paradies ist zurückgekommen, das Leben hat gesiegt, die Seligen sind unsterblich, und den Tod gibt es nicht mehr (8,53).

Die doppelte Heilszeit - eine messianische und eine in der neuen Welt - läßt sich also nicht auf ein Heil auf der Erde und eine Heilsvollendung im Himmel verteilen. Eher kann man sagen, daß das Messias-Reich die Erfüllung der Verheißungen an Israel ist, während die kommende Welt einer universalen Perspektive entspricht. Die Seligen in der kommenden Welt sind Menschen wie alle Menschen vor ihnen. Das Nationale und das Universale sind in diesen Schriften keine Gegensätze. Paradies und heilige Stadt gehören in der Esra-Apokalypse untrennbar zusammen[10].

12. Die syrische Baruch-Apokalypse (syrBar)

Diese Schrift ist wahrscheinlich etwas später als die Esra-Apokalypse entstanden[1]. Sie ist mit ihr verwandt, scheint jedoch im Gegensatz zu ihr den Ort der Heilsvollendung in die Nähe des Himmels zu heben. Es kündigt sich also eine neue Entwicklung in der Apokalyptik an.

Auch nach der Baruch-Apokalypse befinden sich die verstorbenen Gerechten in der Zwischenzeit in Kammern, die als Aufbewahrungsraum der Seelen dienen (21,22-24; 30,2; 23,4f). Nach 21,23 und 11,4-6 müssen sich die Kammern wie in der Esra-Apokalypse in der 'scheol' befinden[2]. Die Sünder sind in der Zwischenzeit in einer vorläufigen Pein, die nach dem Gericht verschärft werden wird (36,10f). Es wird eine allgemeine Auferstehung gelehrt (42,7; 50,2-4). Nach Kap. 49 - 50 handelt es sich um eine Auferstehung des Leibes[3]. Wie in der Esra-Apokalypse gibt es ein Reich des Messias vor der endgültigen Vollendung (36 - 40; 29,1 - 30,1). Danach folgt die neue Welt, in der die Gerechten Unvergängliches gegen Vergängliches eintauschen (85,5).Es kommt zu einer Erneuerung der Schöpfung, also zu einer Wandlung der bisherigen Welt (32,6; 57,2; 49,3). Die neue Welt ist eine Welt der Herrlichkeit (51,16) und des Lebens (57,2). Auch in dieser Apokalypse sind Nationales und Universales auf das Messias-Reich und die kommende Welt verteilt[4]. Beide lassen sich nicht trennen.

Der Vers 51,9 erfordert besondere Aufmerksamkeit. Es wird gesagt, daß es in der neuen Welt kein Altwerden gibt: "Denn in den Höhen jener Welt wird ihre Wohnung sein; sie werden Engeln gleichen und den Sternen ähnlich sein. Sie werden sich verwandeln in jegliche Gestalt, die sie nur wünschen - von der Schönheit bis zur Lieblichkeit, vom Licht zum Glanz der Herrlichkeit. Des Paradieses weite Räume werden für sie ausgebreitet; es wird ihnen die hoheitsvolle Schönheit der lebenden Wesen gezeigt werden, die unter meinem Throne sind, und aller Engel Heere..." (51,10f).

Im Blick auf diesen Text vertritt P. BILLERBECK[6] die Ansicht, die zukünftige Welt sei mit der himmlischen identisch. P. VOLZ dagegen deutet nur vorsichtig an, daß der Heilsschauplatz in das Überirdische verlegt worden sei[7]. Der Text sagt nicht ausdrücklich, daß sich die Gerechten im Himmel befinden, sondern nur, daß sie auf den Höhen der neuen Welt wohnen. Auch heißt es nicht, daß sie zu Engeln geworden sind, sondern nur, daß sie Engeln gleichen. Sie scheinen auch keinen Zutritt zu dem inneren Himmel Gottes zu haben. Immerhin werden ihnen die Wesen gezeigt, die sich in der nächsten Nähe von Gottes Thron aufhalten[8].

Die Grenze zwischen dem Himmel Gottes und der neuen Welt scheint in den Versen 51,10f von unten her durchbrochen zu sein. Es wird aber nicht etwa gesagt, daß Gott seinen Himmel verläßt und zur Erde hinabsteigt, um unter den Menschen zu wohnen, wie es in einigen früheren Apokalypsen und nach Apk 21,3 der Fall ist. Nach syrBar 4,6 ist das Paradies bei Gott (vgl. 59,8). Dies zeigt die Nähe der Baruch-Apokalypse zu jenen späteren Apokalypsen, in denen das kosmologisch-himmlische Interesse vorherrscht.

Beide Apokalypsen, die Esras und die Baruchs, besitzen nicht die Vorstellung einer Zwischenzeit der Seelen im Himmel. Auch bei Baruch ist die Orientierung streng eschatologisch. Der Leitgedanke ist die Restitution der gefallenen Menschheit, die in einer Welt der Vergänglichkeit und Verderbtheit lebt. Gott hat daher den Plan, eine neue Welt zu schaffen, die die Vollendung der jetzigen Welt ist.

Es ist fraglich, ob in der Baruch-Apokalypse diese Sicht stringent durchgehalten wurde, vor allem wenn man die Verse 51,10f und die Lokalisierung des Paradieses betrachtet. Allerdings ist das kosmologisch-himmlische Interesse in dieser Schrift nicht vorherrschend. Dies ist aber in der slavischen Henoch-Apokalypse und in der

Abraham-Apokalypse der Fall.

13. Die slavische Henoch-Apokalypse und die Abraham-Apokalypse
sowie weitere verwandte Schriften

Die slavische Henoch-Apokalypse ist nur in slavischer Überset-
zung erhalten. Sie liegt in zwei Fassungen vor, von denen die längere
Fassung die jüngere ist. Die kürzere wird gewöhnlich in die zweite
Hälfte des ersten Jahrhunderts n.Chr. datiert, und zwar noch vor der
Zerstörung des Tempels, weil Tempel und Opfer erwähnt werden (51,4;
59,2)[1].

Ideengeschichtlich gehört die kürzere Fassung einer späteren
Zeit an, obwohl sie auf den ersten Blick von der gleichen eschatologischen Ausrichtung bestimmt ist wie die früher besprochenen Apokalypsen[2]. An mehreren Textstellen (46,3; 39,1.2; 44,3.5; 50,4 u. ö.) ist
vom großen Gericht die Rede, das am Ende dieser Weltzeit stattfinden
soll. Die jetzige Weltzeit ist ein Äon der Schmerzen (66,6). Das neue
Weltalter, in dem die Gerechten ewig und unverweslich und frei von
Krankheit, Leid und Finsternis leben (65,8f), folgt auf das Gericht.

Der Gedanke an eine Auferstehung fehlt. Auch über den Zwischenzustand der Verstorbenen wird in der kürzeren Fassung überhaupt
nichts gesagt. Die längere, jüngere Fassung besitzt einige Textstellen
zu diesem Bereich. Sie sind jedoch schwierig zu deuten und lassen sich
nicht zu einer konsequenten Auffassung zusammenfassen[4].

Das Interesse dieser Apokalypse ist im Grunde nicht auf das
Eschatologische, also auf das Ende der Welt und was damit zusammenhängt, gerichtet. Sie ist vielmehr ein Bericht über eine Himmelsreise
des Henoch und über das, was er auf dieser Reise zu sehen bekommt. Er
steigt durch die sieben Himmel empor (Kap. 3-20) und sieht dort die
Wolken, die Kammern des Taus, die Tore, durch die die Sonne geht, den
Wechsel der Jahreszeiten und die Mondphasen. Auch die Engel sieht er,
die die ganze Welt mit ihren kosmischen Ordnungen und Teilen admini-
strieren (Kap. 19), dazu noch den Ort im zweiten Himmel, wo die gefallenen Engel (vgl. Gen 6) gefangenliegen (7; vgl. 10,1ff), und anschließend das Paradies im dritten Himmel mit dem Baum des Lebens und

dem Wohnsitz der Gerechten (8-9; 42,3).

Im Norden des dritten Himmels sieht er auch die Hölle mit Frost, Eis und Kerker. Hier stehen grausame Engel mit ihren Waffen bereit, um die Verdammten zu peinigen (Kap. 10,1.6). Die Hölle befindet sich im tiefsten Teil des Kosmos, im Hades (40,12). Hier ist "der Ort des Gerichts", und auch hier stehen furchtbare Engel, die wie Schlangen aussehen und offensichtlich mit der Aufgabe betraut sind, die Verdammten zu peinigen. Das Wort 'Hölle' wird nicht verwandt[5]. Gleichwohl handelt es sich um die Hölle, die hier kosmologisch in den Hades verlegt ist, was später eine geläufige Vorstellung wird. In 10,1.6 liegt jedoch der Strafort im Norden des dritten Himmels und ist "zum ewigen Erbbesitz" der Verdammten "bereitet"[6]. Schließlich kommt Henoch zum siebten Himmel, wo er Gott selbst auf seinem Thron sitzen sieht (20,1ff).

Anschließend erhält er von einem Erzengel weitere Offenbarungen, die sein Wissen über die Welt erweitern: über den Vorgang des Erschaffenwerdens der Welt, über das Licht, die Sonne, die Erde, das Meer und alle Kreaturen, auch über die Erschaffung des Menschen (24 - 30). Die Kapitel 33 - 38 enthalten dann Mahnungen Henochs an die Menschen, damit sie wissen, was sie tun müssen, um im großen Gericht freigesprochen zu werden und die künftige Welt zu erben (50,2) und in die "guten Häuser" zu gelangen (61,1f). Das große Paradies, das sich im dritten Himmel befindet, wird nach dem Gericht für die Gerechten "Obdach und ewige Wohnung" werden (65,10).

P. VOLZ neigt zu der Auffassung, der Verfasser sei der Meinung, der Mensch komme nach dem Tod sofort an seinen endgültigen Ort, also entweder in das Paradies oder in die Hölle[7]. Jedoch sagt der Text nicht, daß diese Orte schon Bewohner haben, sondern nur, daß sie für den Empfang ihrer künftigen Bewohner vorbereitet sind. Sowohl der Heilsort wie auch der Strafort sind kosmisch verlagert. Diese Apokalypse verlegt die Endvollendung in den Himmel, wie P. BILLERBECK klar gesehen hat[8], und den Strafort in den Hades. Diese Tatsachen sind für die Anschauung der Schrift typisch. Die Eschatologie wird von der Kosmologie in den Hintergrund gedrängt. Diese Entwicklung konnten wir bereits in der rabbinischen Theologie beobachten.

Die Existenz des Menschen wird von der himmlischen Welt bestimmt. Sie ist nicht nur Ursprung und Quelle aller Güter, sondern auch das Ziel der gesamten Menschheit. Die Richtung nach oben bestimmt also Existenz und Weltbild. Von dem Thron Gottes im siebten Himmel stuft sich die Welt herab bis zur Erde, ja bis zum Hades. Transzendenz im strengen Sinne gibt es hier eigentlich nicht. Gottes Thron ist lediglich der höchste Punkt im Kosmos.

Die Eschatologie besteht darin, daß die jetzige Schöpfung zugrunde geht: "Der Herr sendet ein großes Verderben auf die Erde, und der ganze Bestand der Erde geht zugrund" (65,10b)[9]. Von einer Erneuerung der Welt ist keine Rede. Es heißt einfach, daß "die vom Herrn gemachte Schöpfung endet" (65,10). Der Himmel hat den Platz und die Bedeutung der neuen Welt übernommen. Die slavische Henoch-Apokalypse spricht nicht von der Auferstehung. Die Kontinuität mit der irdischen Schöpfung und mit dem Geschaffensein des Menschen ist hier gebrochen.

Die Abraham-Apokalypse befindet sich in derselben Entwicklung wie die slavische Henoch-Apokalypse, wenn auch auf eine etwas unterschiedliche Weise. Sie ist wahrscheinlich gleichzeitig mit jener[10] entstanden und wird wie diese als Quelle für die Darstellung des Judentums gegen Ende des ersten Jahrhunderts n.Chr. verwendet[11]. Diese Apokalypse hat gewisse traditionelle Lehren bewahrt. So spricht sie von den beiden Äonen oder Welten. Auch enthält sie zum Teil Formulierungen für die Erneuerung der Welt (ApkAbr 17,13; 22,5). Die neue Welt ist für sie ein Zeitalter der Frömmigkeit (29,14) oder der Frommen (29,18). Nach ihrer Erwartung werden die Heiden vernichtet werden (29,14.19f; 22,5), oder sie werden sich dem Volk Gottes in einer vergeistigten Verehrung des wahren Gottes anschließen (29,20b).

Wie im slavischen Henoch-Buch finden die Toten oder ihre Auferstehung keine Erwähnung[12]. Die Gerechten scheinen sofort nach dem Tod in den Garten Eden zu kommen (21,6ff)[13]. Die Hölle wird ausdrücklich in die unterirdische Welt verlegt (31,4; 21,3; 24,7)[14]. In ApkAbr 21,3 gewinnt der Leser den Eindruck, daß die Hölle schon in Wirksamkeit sei[15] und daß der Teufel dort seinen Sitz habe (31,7; vgl. 14,5). Er ist der Vollstrecker der Höllenstrafen. Das ist eine Vorstellung, die bekanntlich im Neuen Testament und auch in den älteren Apokalypsen nicht zu finden ist.

In der nachfolgenden Zeit werden Schilderungen der Bestrafung in der Hölle immer üblicher, so zum Beispiel in der griechischen Esra-Apokalypse[16], die nicht mit IV Esra verwechselt werden darf. Es ist möglich, daß die Bestrafung im Tartarus (4,5ff) auf eine christliche Bearbeitung zurückgeht[17]. Die vermutlich ursprünglich jüdische Schrift verlegt den Strafort und die Bestrafung in die himmlische Welt (1,7; 5,8ff; 5,20ff). Der jüdische Verfasser wie auch der christliche Bearbeiter zeigen ein gemeinsames Interesse an Strafen, die schon in der Gegenwart vollzogen werden. Entsprechend ist der Himmel schon jetzt der Heilsort. Die Seele geht nach dem Tod in den Himmel ein (5,20-22; 7,3).

Ähnliche Vorstellungen zeigt die Schrift "Gesicht des Esra"[18]: "Dann sah er gegen Westen einen Ofen, von wunderbarer Größe, feuerglühend; es wurden viele Könige und Fürsten dieser Welt dareingeworfen" (48)... "Dann sah er einen andern Ofen von Pech und Schwefel brennen; in diesen wurden Söhne eingeworfen, die gegen ihre Eltern ihre Hand erhoben und die mit ihrem Munde sie beleidigt haben" (50).... "Da führten sie ihn in die Hölle auf vierzig Stufen (hinunter, Anm.d.V.); da sah er Löwen und Hunde um die Feuerflamme liegen; doch die Gerechten schritten durch sie hin und gingen in das Paradies hinüber. So sah er viele Tausende Gerechter, und allzeit waren ihre Wohnungen gar herrlich" (58.59).

In der Zephanja-Apokalypse[19] befinden sich die toten Gerechten schon im Himmel (ApkZeph 2), während die Seelen der Ungerechten in der Strafe sind (2,3; 5,4). Die Hölle ist hier in der Unterwelt (13,5; 15,1; 17,5). In ihr hat der Satan seine Residenz (8,2; 13,5).

Auch für das Testament des Isaak[20] sind die Frommen schon im Himmel (TestIs 8,1f). Das Himmelreich hat in den Himmeln seinen Ort, und dahin wird die Seele Isaaks nach dem Tode geführt (9,13 - 10,2). Die Peinigungen der Hölle sind schon im Gang, und ein Engel, der wohl Satan ist, verfügt über diese (7; besonders 7,8). Eschatologische Elemente werden beibehalten, so z.B. das tausendjährige Gastmahl (8,11. 20; 10,12).

Das Testament Abrahams (TestAbr) liegt in zwei Fassungen vor, einer längeren und einer kürzeren[21]. In der kürzeren Version wird Abrahams Seele nach dem Tod in den Himmel aufgenommen (14,6). Ein Seelengericht findet schon unmittelbar nach dem Tod statt (9 - 11), und die Verurteilten werden nach dem Gericht dem Verderben (9,5.9), den Peinigern (10,16), der Bestrafung (11,9) übergeben. Die Auferstehung des Leibes ist jedoch beibehalten (7,17).

Die Doppelschrift über das Leben Adams - die griechische Apokalypse Moses (ApkMos) und das lateinische Leben Adams und Evas (VitAd)[22] - ist nur schwer in diese Entwicklung einzuordnen. Die beiden Fassungen haben viel echten eschatologischen Stoff (Gericht, Auferstehung, Hölle am Weltende) erhalten. Der Heilsort ist jedoch nicht eine neue Welt, sondern das Paradies im dritten Himmel (ApkMos 13; 28), wo Gott in der Mitte der Seligen ist und wo der Baum des Lebens die Unsterblichkeit schenkt. Eine Scheidung von Gerechten und Sündern findet sofort nach dem Tod statt (31). Wo der Zwischenzustand verbracht wird - von Adam, der sich im Paradies im dritten Himmel befindet, abgesehen (37) -, wird nicht gesagt. Diese Anschauung gehört in die zweite Hälfte des ersten Jahrhunderts n.Chr. Die Sonderstellung Adams macht es schwierig, allgemeine Folgerungen zu ziehen.

Die hier abschließend genannten Apokalypsen sind teilweise christlich überarbeitet worden. Auf das damit gegebene Problem vermögen wir aber hier nicht weiter einzugehen. Die Tatsache verdeutlicht die Entwicklung in der christlichen Kirche vom zweiten Jahrhundert n.Chr. an. Die Eschatologie tritt in diesen Schriften mehr und mehr zurück. Wir nähern uns dem Weltbild, das Dantes "Divina Commedia" zugrunde liegt. Hier bildet die Kosmologie den Rahmen für den Heilsort und für die Hölle.

14. Exkurs: Die Entwicklung der Jenseitslehre
in der frühen Kirche

Wir konnten feststellen, daß die Erkenntnis des streng eschatologischen Charakters der Heilsvollendung und der Bestrafung der Gottlosen im Judentum bald nach der Zeit des Neuen Testaments zurückgetreten ist. In der frühen Kirche ist das vorläufig nicht der Fall gewesen. Jüdische Schriften wie die Esra-Apokalypse und die syrische Baruch-Apokalypse, die von Christen übersetzt und so für die Nachwelt aufbewahrt worden sind, haben dazu beigetragen, die vorchristliche und die neutestamentliche Denkweise in die Kirche hinüberzuleiten. Allerdings ist diese Sicht im Raum der Kirche nicht alleinherrschend gewesen. Sowohl das Judentum um die Zeitwende als auch das frühe Christentum brachten Schriften, besonders Apokalypsen, hervor, die den Himmel als Heilsort nach dem Tod und die Hölle als einen Ort in der Unterwelt darstellten. Auch in Schriften, die noch die Heilsvollendung und die Hölle mit dem Jüngsten Gericht verbinden, steht das echte eschatologische Denken in der Gefahr, verdrängt zu werden. Mehr und mehr erfolgten eine himmlische Lokalisierung des Heilsorts und eine unterirdische Verlegung der Hölle, die das Ganze in die Kosmologie einordneten. Wo indes die Kosmologie zu dominieren beginnt, tritt die Eschatologie zurück, auch wenn sie formell beibehalten wird.

Die kosmologische Strömung muß aber von der orthodoxen kirchlichen Anschauung unterschieden werden. Im Rahmen dieser Arbeit kann die Entwicklung der kirchlichen Lehre nicht weiter als bis etwa 200 n.Chr. verfolgt werden. Bis weit über diesen Zeitpunkt hinaus bildet der Gedanke des Zwischenzustands der Seelen besonders im Westen einen Eckpfeiler im Denken der verantwortlichen Kirchenmänner und Autoren. Dies gilt in gleicher Weise auch für das jenseitige Schicksal der Gerechten und der Gottlosen. Damit führt die Alte Kirche ein Erbe des Neuen Testaments weiter und bewahrt die eschatologische Ausrichtung der christlichen Hoffnung, wie sie im Neuen Testament ihre klassische Ausprägung gefunden hat.

Am deutlichsten begegnet uns die Lehre vom Zwischenzustand und von der Enderfüllung im auslaufenden zweiten Jahrhundert n.Chr. Vor allem Irenäus und Tertullian verteidigten zu ihrer Zeit gegen Marcion und den Gnostizismus diese Lehre als die kirchlich einzig berechtigte. Für beide Kirchenväter gilt es als feststehend, daß die Verstorbenen, Gerechte wie Ungerechte, sich bis zum Jüngsten Gericht im Hades in einer Art Wartezustand befinden. Beide bekämpfen den Glauben an eine Vollendung unmittelbar nach dem Tod als häretisch[1]. Die Schärfe ihres Standpunkts zeigt sich darin, daß sie diese These auch im Hinblick auf die gerechten Abgeschiedenen verfechten, und zwar so, daß sie auch diese nach dem Tod im Hades sein lassen. Eine entscheidende Rolle bei ihren Überlegungen spielt die Beispielerzählung vom Reichen und vom armen Lazarus (Lk 16,19ff). Sie wird dahingehend verstanden, daß auch

Lazarus und Abraham sich im Hades befinden. Nach Irenäus ist es den Frommen nicht beschert, Gott vor der Auferstehung der Toten zu schauen. Eine Vollendung der einzelnen Gläubigen ist für ihn nur möglich im Zusammenhang mit der leiblichen Auferstehung und überhaupt mit der endzeitlichen Restitution der Schöpfung.

Über die Beschaffenheit des Hades spricht sich Irenäus nur sehr vorsichtig aus[2]. Tertullian hingegen bemüht sich, das unterschiedliche Los der Gerechten und der Ungerechten im Hades herauszuarbeiten. Das geschieht auf eine Weise, die das Unvollkommene der vorläufigen Erquickung im Zwischenzustand zu verwischen droht[3]. Die Gottlosen sind im Feuer (vgl. Lk 16,24) und werden von Strafengeln gepeinigt[4]. Aber auch die Gerechten, die kleinere Versehen auf ihrem Gewissen haben, werden unter die Aufsicht eines strengen Engels gestellt, der verhindern soll, daß sie mit den anderen Gerechten der Auferstehung gleich zu Beginn des tausendjährigen Reichs teilhaftig werden[5]. Bei Tertullian äußert sich auf diese Weise der Gedanke des "Fegefeuers", wenn auch ohne Feuer.

Die erwähnten Strafengel sind nicht mit dem Teufel oder seinen Dämonen zu verwechseln. Die teuflischen Mächte werden nach der kirchlichen Anschauung der ersten Jahrhunderte nicht mit der Unterwelt in Verbindung gebracht. Auch haben sie nicht die Aufgabe, die Strafe an den Gottlosen zu vollziehen[6].

Hippolyt, der in der ersten Hälfte des dritten Jahrhunderts schrieb, liefert unter den kirchlichen Autoren das erste Beispiel für eine kosmische Auffassung der Hölle. Nach einem ihm zugeschriebenen Fragment ist die Hölle ein abgesondert liegender Feuersee in der Unterwelt, in den "wohl noch niemand geworfen ist". Er ist für die Gottlosen nach dem Jüngsten Gericht bestimmt. Hippolyt steht hier in der Tradition der Apokalypsen seiner Zeit.

Die Heilsvollendung war für das kirchliche Christentum des zweiten Jahrhunderts an die Auferstehung des Fleisches gebunden. Deshalb ist diese Wendung in das Apostolikum eingefügt worden. Entsprechend gilt für den Begriff der Gehenna, daß er auf den ganzen Menschen als seelisch-leibliches Wesen zu beziehen ist. Das konnte für eine Kirche, die das Matthäus-Evangelium an die Spitze ihres neutestamentlichen Kanons stellte, nicht anders sein. In diesem Evangelium spricht

Jesus von Gott als dem, der Seele und Leib in der Gehenna verderben kann (Mt 10,28)[7]. Dieses Wort Jesu zitieren nicht nur Tertullian[8] und Irenäus[9], sondern vor ihnen schon Justin[10] und II Clem 5,4[11].

Justin steht, was unsere Frage betrifft, in etwa auf dem gleichen Standpunkt wie Irenäus. Den Hades hält er für den gemeinsamen Ort aller Verstorbenen[12]. Eine Trennung von Gerechten und Ungerechten hat stattgefunden: "Die (Seelen, Anm.d.V.) der Frommen bleiben irgendwo an einem besseren Ort, die ungerechten und bösen an einem schlechteren, wartend auf die Zeit des Gerichts" (Dial 5,3). Obwohl der Zusammenhang keine Ortsangabe enthält, ist hier offensichtlich vom Aufenthaltsort der Seelen im Hades die Rede. Ausdrücklich wird gesagt, daß der Zwischenzustand ein Zustand des Wartens ist. Der eschatologischen Auffassung der Heilsvollendung entspricht die Bestimmung der Gehenna als einer eschatologischen Wirklichkeit: "Die Gehenna ist ein Ort, wo diejenigen künftig gestraft werden sollen, die ungerecht gelebt haben und nicht geglaubt haben, daß alles geschehen wird, was Gott durch Christus gelehrt hat" (Apol I 19,8). Die Ansicht Justins ist offenbar, daß die eigentliche Züchtigung nach dem Jüngsten Gericht erfolgt. Nach dem Tod tritt allerdings sogleich eine Scheidung von Gerechten und Ungerechten ein, so daß jene es besser haben, während diese leiden müssen. Zugrunde liegt wohl Lk 16,19ff. Die Übereinstimmung mit der Auffassung der Esra-Apokalypse (IV Esr) ist auffällig.

Bezeichnend für die Apostolischen Väter, zu deren Darstellung wir nun übergehen, ist die Erwartung von dem bevorstehenden Kommen des Reiches Gottes. Diese Haltung - wie auch die praktische Ausrichtung ihrer Schriften - erklärt es, daß auf die Frage nach dem Zwischenzustand der Gottlosen nicht eingegangen wird. Nicht selten ist aber von der Vergeltung die Rede, die den Gottlosen bevorsteht. Diese Vergeltung bezieht sich, wie der Anschluß an neutestamentliche Wendungen und Stellen eindeutig beweist, auf die endzeitliche Gehenna-Strafe.

Das Wort "Gehenna" selbst findet sich nur in II Clem 10,4 in dem bereits erwähnten Zitat aus Mt 10,28 bzw. Lk 12,4f. Wie in den Evangelien wird die Gehenna als Gegenpol des eschatologischen Reichs aufgefaßt. In demselben Brief wird wie in Mk 9,48 die bekannte Stelle Jes 66,24 zweimal (7,6 und 17,5) zitiert. Auch in 17,7 ist vom "unverlöschlichen Feuer" als Strafmittel die Rede, wobei das Jüngste Gericht ausdrücklich erwähnt wird. Das Wort βασανος (Folter, Pein), das in 17,7 und 10,4 zweimal vorkommt, geht nicht, wie vielleicht zu erwarten wäre, auf die Lazarus-Erzählung zurück (Lk 16, 23.28), sondern bezieht sich auf die Gehenna-Strafe, wie der Zusammenhang beweist (vgl. z.B. IV Makk 13,15; Apk 14,10; 20,10). Von "den zum ewigen Feuer Verdammten" spricht Diog 10,7. Dieses Feuer soll sie "bis zuletzt" züchtigen"[13]. Deutlich stehen hier die Verse Mt 26,41.46 im Hintergrund. Die gleiche aus Mt 25 entlehnte Terminologie ist im Martyrium Polykarps verwendet (2,3; 11,2). Allgemein vom "ewigen Tod mit Strafe" redet der Barnabas-Brief (20,1), und zwar nach dem Vorhergehenden im Hinblick auf die eschatologische Verdammnis (19,10). Einen weiteren Anklang an die Evangelien bietet das Wort "Gefängnis" im Hirt des Hermas Sim IX 28,7. Das Bild geht auf Mt 5,26; 18,34 und Lk 12,58 zurück (vgl. auch Herm Vis I 1,8). Die Bedeutung "Gefängnis" ist auch in Did 1,5 zu vermuten, da hier ein Zitat aus Mt 5,26 angeführt wird[14]. Schließlich begegnen uns in HermSim VI 2,4 der Ausdruck "ewiges Verderben" und in Sim IX 18,2 die Vorstellung vom "ewigen Tod" (vgl. Barn 20,1). Diese Wendungen kommen in dieser Form nicht im Neuen Testament vor, sind aber Bildungen, die sich aus den neutestamentlichen Vorstellungen entwickelt haben (vgl. z.B. II Thess 1,9; Mt 7,13; 25,46; Apk 10,14).

Es lassen sich also alle angeführten Stellen bei den Apostolischen Vätern vom Neuen Testament her erklären. Sie zielen wie die neutestamentlichen Stellen, auf die sie zurückgehen, eindeutig auf ein endgeschichtliches Ereignis. Daran ist die eschatologische Ausrichtung dieser Schriften zu erkennen.

Von dem Aufenthaltsort der Ungerechten nach dem Tod ist bei den Apostolischen Vätern nicht direkt die Rede. Auf dem Hintergrund sowohl jüdisch-christlicher Anschauungsweise wie gewöhnlicher antiker Betrachtungsweise kann man aber vermuten, daß man diesen Ort im Hades suchte, im Reich der Toten. Indirekt ist dieser Gedanke ausgesprochen, wenn die Auferstehung des Fleisches mit nachfolgendem Gericht auch für die Gottlosen gelehrt wird (vgl. II Clem 9,1; Polyk 7,1; vgl. Herm Sim VI 7,1f).

An keiner Stelle wird auf ein Strafleiden im Hades reflektiert[15]. Auf die Lazarus-Erzählung Lk 16,19ff wird in diesem Schrifttum an keiner Stelle Bezug genommen. Das Schwergewicht liegt offen-

sichtlich ganz auf dem endzeitlichen Gericht. Die Hölle hat hier keine
Beziehung zum Hades oder zum Zustand der Toten. Allerdings muß man
Hölle und Hades streng auseinanderhalten. Keine Spur findet sich von
einer kosmologischen oder topographischen Lokalisierung der Hölle. Die
Hölle ist somit eine Veranschaulichung von Gottes eschatologischer
Vergeltung nach dem Jüngsten Gericht.

Die Seelen der abgeschiedenen Gerechten befinden sich vor dem
Gericht in einem Zwischenzustand. Die Märtyrer als Teil der Gerechten
erreichen möglicherweise den Status der Herrlichkeit bei Gott nach den
Apostolischen Vätern sofort nach dem Tod (vgl. I Clem 5,4.7). In Vers
4 wird vom Apostel Paulus gesagt, daß er "nach Ablegung seiner Zeugen-
schaft zu dem ihm gebührenden Ort der Herrlichkeit wanderte". Nach
Vers 7 "wurde er aus der Welt genommen und wanderte an den heiligen
Ort". Hier finden wir fast den gleichen Wortlaut wie bei Irenäus (Haer
V 31,2) für den für die Seelen der Gerechten von Gott bestimmten Ort,
an dem sie auf die Auferstehung warten, vor. Es ist zu vermuten, daß
Irenäus seinen Satz als einen Kommentar zu den ziemlich unbestimmten
Wendungen, die er in I Clem 5 las, formuliert hat.

In Polykarp 9,2 finden wir eine Parallele zu dieser Stelle.
Die Apostel befinden sich hier als Märtyrer "an dem ihnen zukommenden
Ort bei dem Herrn". Es wird deutlich auf Paulus in Phil 1,23 und II
Kor 5,8 angespielt. Wir müssen annehmen, daß Polykarp sich darüber
klar war, daß Paulus in diesen Stellen den Zwischenzustand im Auge
hatte, und zwar als künftiger Märtyrer. Wo er nach dem Tod mit
Christus zusammensein sollte, darüber sagt Paulus nichts. Doch muß
Polykarp Paulus so verstanden haben, daß es sich um einen besonderen
Ort handele, der von Gott für den Zwischenzustand bestimmt war. Es mag
ein besonderer Märtyrerort sein, jedoch nicht ein Ort der
endzeitlichen Seligkeit. Schon das Wort "Ort" weist darauf hin, daß es
sich nicht um die ewige Seligkeit bei Gott im Reiche Gottes oder im
Himmel handelt, sondern um eine vorläufige Einrichtung.

An späteren Stellen ändert sich jedoch das Bild. In MartPol
19,2 lesen wir von Polykarp, daß er als Märtyrer "die Krone der Unvergänglichkeit gewonnen hat und daß er mit Jubel Gott, den allmächti-
gen Vater, preist und unseren Herrn Jesus Christuns, den Erretter unserer Seelen, ... segnet". Die Deutung ist naheliegend, daß der Märty-

rer vor Gottes Thron steht und ihn lobpreist. Nach 2,3 sind die Märtyrer schon jetzt Engel, was in dieselbe Richtung weist.

Sogar bei Justin (Apol II 2,19) und bei Irenäus (Haer IV 33,9)
sind die Märtyrer eine Gruppe für sich, die mit dem Tod eine Gottesnä-
he erreicht zu haben scheint, welche den Unterschied zwischen dem vorläufigen Zustand und der endgültigen Heilsvollendung verwischt. Man
darf jedoch eine Stelle wie MartPol 14,2 nicht übersehen, wo Polykarp
in seinem letzten Gebet für den Kelch des Martyriums dankt, dies aber
"im Hinblick auf die Auferstehung zum ewigen Leben der Seele wie auch
des Körpers durch die Unvergänglichkeit des heiligen Geistes". Diese
Auferstehung liegt allerdings noch in der Zukunft. Auch Ignatius, der
den Märtyrertod als den Weg preist, der ihm "Gott teilhaftig werden"
oder ihn "zu Gott gelangen" läßt[16], weiß, daß der Tod nur das erste
Stadium auf dem Weg zur Auferstehung der Toten ist (vgl. IgnRöm 4,1-3;
IgnPol 7,1).

Es ist nicht zu leugnen, daß durch diese Tendenz die eschatologische Orientierung des Glaubens bedroht ist. Der Zwischenzustand
steht in Gefahr, seinen Charakter als Wartezeit zu verlieren. Doch
dies ist kaum die Intention der eigentlichen Apostolischen Väter, zu-
mal es der Absicht von Justin, Irenäus und Tertullian widerstrebt. Es
ist diesen indes nicht gelungen, der Gefahr vorzubeugen. Die Entwicklung stand unter dem Druck, den die kosmologisch orientierte Apokalyptik ausübte. Im Blick auf die christliche Theologie des zweiten Jahrhunderts darf man jedoch die Bedeutung der Märtyrervorstellungen nicht
überbewerten. Viel wichtiger dagegen ist die Frage nach dem Schicksal
der gewöhnlichen Frommen nach dem Tode.

Um das zu erfassen, geht man zweckmäßigerweise von I Clem
50,3f aus: " Alle Geschlechter von Adam an bis auf diesen Tag gingen
vorüber. Aber die, welche durch die göttliche Gnade in Liebe vollendet
wurden, haben den Ort der Frommen inne, und sie werden bei der Besich-
tigung des Reiches Christi offenbar. Denn es ist geschrieben: 'Geht
ein in die Kammern noch für eine kleine Zeit, bis mein Zorn und Grimm
vorübergeht, und ich will gedenken eines guten Tages und euch aus euren Gräbern auferwecken'." Wie man sieht, nimmt Clemens hier die früher besprochene Fundamentalstelle Jes 26,20 auf, die einen wichtigen
Ausgangspunkt für die rabbinische Lehre vom Zwischenzustand bildet.

Damit schlägt er eine Brücke zu einer jüdischen Traditionslinie, die in IV Esr und syrBar zum Vorschein kommt. Diese Schriften sind bekanntlich ungefähr gleichzeitig mit dem I. Clemensbrief entstanden. In I Clem 44,5 kommt er auf den "Ort der Frommen" zu sprechen, wenn er versichert, daß die "vorangegangenen Presbyter, die zu ihrem fruchtreichen und vollkommenen Ende kamen", nicht zu fürchten brauchen," daß jemand sie von dem für sie errichteten Ort vertreibe".

Dieser genannte Ort ist wohl eine Stätte, die für den besonderen Zweck eingerichtet wurde, um die Seelen der Gerechten aufzunehmen, und zwar bis die Auferstehung der Toten stattfindet. Dieses Verständnis wird auch durch die jüdischen Parallelen, die den Hintergrund bilden, nahegelegt.

Das Besondere dieser Rede vom "Ort" ist gerade die Unbestimmtheit der Lokalisierung. Diese Beobachtung trifft auch für die Stelle Barn 19,1 zu, wo wieder nur andeutend von dem "angeordneten Ort" gesprochen wird, zu dem die Frommen kommen. Für Gottes Augen ist er "bestimmt", für die der Menschen aber nicht. Noch Irenäus spricht von "jenem (unsichtbaren)[17] Ort ..., der ihnen (d.h. den Frommen, Anm. d.V.) von Gott bestimmt ist" (Haer V 31,2).

In II Clem 19,4 wird ausdrücklich gesagt, daß den Gerechten nach dem Tod eine Zeit "oben" erwartet: "Er wird oben mit den Vätern wieder aufleben und Freude haben bis zu dem leidlosen Äon"[18]. Der Gerechte wird dann bei den alttestamentlichen Vätern sein. Nach der jüdischen Apokalyptik sind die verstorbenen Erzväter im Paradies, das aber nicht in bestimmter Weise zu lokalisieren ist. Der Himmel ist im zweiten Jahrhundert n.Chr. eine Möglichkeit. Jedoch gibt es zu dieser Zeit mehrere Himmel, zumindest aber verschiedene Gegenden im Himmel. Daß eine Seele im Himmel ist, bedeutet nicht, daß sie in der unmittelbaren Nähe Gottes ist[19]. Befindet sich eine Seele im Paradies, so ist sie weder tot noch hat sie das ewige Leben im eschatologischen Sinn. Die Voraussetzung dafür ist die leibliche Auferstehung. Erst auf diese Weise vermag der Tod überwunden zu werden.

Nach alledem sieht es so aus, daß keine einheitliche Antwort auf die Frage gegeben werden kann, wohin die Apostolischen Väter den Zwischenzustand der gerechten Seelen verlegen. I Clem 50,3f läßt sich am besten verstehen, wenn man den Hades als Ort annimmt. II Clem 19,4 lenkt den Gedanken auf das Paradies irgendwo in eine himmlische Gegend hin. Die Hauptsache ist offenbar nicht die Lokalisierung, sondern der Glaube, daß Gott für die Gerechten einen Ort bereitet hat, an dem ihre Seelen bis auf den Tag der Auferstehung aufgehoben sind. Dieser Ort ist als eine Stätte des Friedens oder sogar der Freude gedacht. Das Gewicht liegt darauf, daß die Seele von Gott aufbewahrt wird, bis mit der Auferstehung die Zeit der Vollendung anhebt.

Der Zwischenzustand darf nach Irenäus und Tertullian nicht als die endgültige Erlösung dargestellt werden, weil der Tod noch nicht überwunden ist. Um dies zu betonen, bestehen sie darauf, daß die verstorbenen Gerechten im Hades seien. Das war für sie die einzige Möglichkeit, die gnostisch-platonische Abwertung des menschlichen Leibes als des Werkes Gottes selbst in der Schöpfung abzulehnen.

15. Abschließende Bemerkungen

Ich habe einige Linien von den Auferstehungszeugnissen des Alten Testaments und von den frühen apokalyptischen Texten des ersten und des zweiten Jahrhunderts v.Chr. durch die nachfolgenden Jahrhunderte nachzuzeichnen versucht. Es zeigte sich, daß im zweiten Jahrhundert n.Chr. die eschatologische Denkweise im Begriff war, einer himmlisch-kosmologischen Betrachtungsweise zu weichen und von dieser ersetzt zu werden. In den folgenden Jahrhunderten verdrängte dann die Himmel-Hölle-Apokalyptik mehr und mehr die frühere eschatologische Apokalyptik.

Der Punkt, an dem die eschatologische Denkform zuerst zum Nachgeben gezwungen wurde, war die Frage nach dem Aufenthalt der abgeschiedenen Gerechten nach ihrem Tod. Der Gedanke war unbefriedigend, daß die Seelen der Gerechten in der Unterwelt oder der 'scheol' (Hades) seien oder lange verbleiben sollten, obwohl das für den antiken Menschen eine sehr naheliegende Vorstellung war. Die 'scheol' war im Judentum im Lauf der Zeit stark diskreditiert worden, weil sie allmählich nicht nur Tod bedeutete, sondern zugleich Tod als Verderben. Die 'scheol' wurde auf diese Weise zu einem Ort der Verdammnis und des Gerichts. Der Tod galt nur noch als Strafe.

Auch die Annahme, daß die Gerechten in der 'scheol' ein von den Sündern verschiedenes Los genießen und sie sich deshalb von ihnen getrennt aufhalten, wurde mit der Zeit als unbefriedigend empfunden. Ebenso verhielt es sich mit dem Gedanken, daß die Seelen der Gerechten in der 'scheol' eigentlich nicht tot seien, sondern leben, ja sich freuen und erquickt werden. Gegebenenfalls hing das damit zusammen, daß die Erwartung des nahen Endes der Welt immer mehr verblaßte. Eine Folge dieser Entwicklung war, daß man die Seelen der Gerechten in das Paradies und das Paradies in den Himmel verlegte. Diese Umwälzung fand im Judentum schon gegen Ende des ersten Jahrhunderts n.Chr. statt, im Christentum dagegen ungefähr einhundert Jahre später.

Entscheidend war nun der Gedanke, daß die Seelen der Frommen schon gleich nach ihrem Tod das ewige Leben empfangen, daß dieses für sie also bereits unmittelbar nach dem Sterben anfange. Auf diese Weise verlor die Auferstehung mehr und mehr an Bedeutung; sie stand gewissermaßen nur als ein Anhang da. Der Himmel trat damit an die Stelle der kommenden Neuen Welt. Diese letztere wurde allmählich nur noch zu einem Namen, der weiter tradiert wurde. Damit war der Mensch im Begriff, sich aus dem Kontext der Schöpfung zu lösen. Dabei hatte die Auferstehung ursprünglich den Sinn, den Menschen in Gottes von ihm selbst erneuerte und verklärte Welt zu bringen, eine Welt ohne Sünde und Tod.

Die Eschatologie wurde in zunehmendem Maße individualisiert. Eine analoge Entwicklung fand im Blick auf die Seelen der Sünder statt. Sie müssen mit einem Gericht rechnen, das für sie sofort in der 'scheol' stattfinden wird, obwohl der eigentliche Strafort der Gottlosen ja die Gehenna ist. Auf diese Weise erhielten die Gerechten unmittelbar nach dem Tod das vollendete ewige Leben und die Sünder entsprechend die ewige Verdammnis. Die kommende Welt und die Hölle wurden daraufhin kosmologische Größen, die sich irgendwo im Universum befinden. Die Kirchenväter des zweiten Jahrhunderts n.Chr. haben versucht, diese Entwicklung im Christentum aufzuhalten. Es gelang ihnen, wie wir gesehen haben, jedoch nicht.

Wird es in unserer Zeit der Theologie möglich sein, den Gedanken der erneuerten Welt und der Restitution des Menschen in diesem Rahmen als Sinn aller Eschatologie zurückzugewinnen? Von Auferstehung kann in Wahrheit nur dann die Rede sein, wenn ihr Sinn darin liegt, daß wir Gott in seiner erneuerten Welt begegnen, um ewig mit ihm zusammenzusein.

Anmerkungen

Kapitel 1:

1) Vgl. G. STEMBERGER, Der Leib der Auferstehung. Studien zur Anthropologie und Eschatologie des palästinischen Judentums im ntl.
Zeitalter = Analecta Biblica 56, Rom 1972.

Kapitel 2:

1) Vgl. dazu Jes 66,18.21.
2) Vgl. TestBenj 10,8; IV Esr 7,32; Joh 5,28 f; siehe dazu auch F.
DEXINGER, Das Buch Daniel und seine Probleme = SBS 36, Stuttgart
1969, S. 39ff.
3) So H.C.C. CAVALLIN, Life After Death, Part I: An Inquiry into the
Jewish Background = Coniectanea Biblica, NT Ser. VII/1, Lund 1974,
S. 27; dazu auch G.W.E. NICKELSBURG Jr., Resurrection, Immortali-
ty, and Eternal Life, in: Intertestamental Judaism, Harvard Theo-
logical Studies XXVI, Cambridge/Mass. 1972, S. 26; C. BARTH, Dies-
seits und Jenseits im Glauben des späten Israel = SBS 72, Stuttgart 1974; A. BENTZEN, Daniel, Handbuch zum Alten Testament 19, 2.
Aufl., Tübingen 1952, S. 84f; P. VOLZ, Die Eschatologie der jüdischen Gemeinde im neutestamentlichen Zeitalter, 2. Aufl., Tübingen
1934, S. 399.
4) Vgl. meine Abhandlung: Die Begriffe "Licht" und "Finsternis" im
Alten Testament, im Spätjudentum und im Rabbinismus, Oslo 1951, S.
73ff.
5) Vgl. G. STEMBERGER, Der Leib der Auferstehung, aaO.
6) Vgl. das synonyme 'qum' in Jes 26,19.
7) Beide sind bereits in Anm. 3 erwähnt.
8) G.W.E. NICKELSBURG, Resurrection, S. 32; vgl. S. 123 und S. 179;
H.C.C CAVALLIN, Life, S. 41f, S. 50, Anm. 20 und S. 47.

Kapitel 3:

1) Zu Philo siehe P. HOFFMANN, Die Toten in Christus = Neutestamentliche Abhandlungen NF 2, Münster 1966, S. 81-84.

2) S.E. SJÖBERG u.a., Art. πνεῦμα , in: ThWNT VI, S. 375, 41ff; E.
LOHSE u.a., Art. ψυχή in: ThWNT IX, S. 634, 22ff.

3) Siehe P. VOLZ, Eschatologie, S. 267; P. HOFFMANN, Die Toten, S.
88.

4) Vgl. A. DIHLE, Art. ψυχή in: ThWNT IX, S. 632, 16ff; P. HOFFMANN,
Die Toten, S. 81.

5) Siehe G.W.E. NICKELSBURG, Resurrection, S. 179, Anm. 3.

6) Zu IV Makk siehe P. HOFFMANN, Die Toten, S. 87-91; P. VOLZ, Eschatologie, S. 266ff.

7) Vgl. R. MEYER, Art. Σαδδουκαῖος in: ThWNT VII, S. 47, Anm. 77.

8) So R. MEYER, ThWNT VII, S. 46 ff.

9) Vgl. R. MEYER, aaO., S. 48,26 ff.

10) Jesus Sirach kennt natürlich die Entrückung Henochs und Elias in
den Himmel (44,16; 49,14; 48,5.9); eine Errettung aus der Unterwelt kommt wie gewöhnlich in den Psalmen des AT nur in Frage als
Bild für eine Rettung aus Todesgefahr (JesSir 51, 3-5).

Kapitel 4:

1) Siehe dazu G. L. DAVENPORT, The Eschatology of the Book of Jubi-
lees = Studia Post-Biblica 20, Leiden 1971, S. 78; HOFFMANN, Die
Toten, S. 101.

2) Vgl. G.L. DAVENPORT, aaO., S. 40.99; P. VOLZ, Eschatologie, S. 29.

3) P. VOLZ, aaO., S. 29.

4) Gegen G.W.E. NICKELSBURG, Resurrection, S. 32f; H.C.C. CAVAL-
LIN, Life, S. 38.

5) Gegen P. HOFFMANN, Die Toten, S. 102.

6) Zu einem ähnlichen Schluß kommt G.L. DAVENPORT, aaO., S. 77f. Er
berücksichtigt aber nicht genügend die letzten Kapitel des Jesaja-
Buchs als Hintergrund, obwohl er zu ein paar Stellen auf Parallelen in Jes 65 hinweist (S. 38. Anm. 2).

7) Vgl. HOFFMANN, aaO., S. 96ff.

Kapitel 5:

1) J.T. MILIK (Hrsg.), The Book of Enoch. Aramaic Fragments of Qumran Cave 4, Oxford 1976; M.A. KNIBB, The Ethiopic Book of Enoch, Vol. I and II, Oxford 1978.

2) Siehe M.A. KNIBB, aaO., Vol. II, S. 14.218.

3) P. VOLZ, Eschatologie, S. 18f.

4) Diese Stelle fehlt in der griechischen Version; die äthiopische Version hat 'scheol'.

5) Vgl. Lk 16,24 mit Act 10,42.

6) Vgl. die Übersetzung von M.A. KNIBB, The Ethiopic Book of Enoch.

7) Siehe Ps 21,30 LXX; IV Makk 7,19; 16,25; Sap 5,15; Lk 20,38; I Petr 4,6.

8) So nach dem griechischen Text; der äthiopische hat "... einen langen Schlaf".

9) Siehe A.-M. DENIS, Fragmenta pseudepigraphorum quae supersunt Graeca = PVTG 3, Leiden 1970, S. 1-44.

10) G.W.E. NICKELSBURG, aaO., S. 121, Anm. 38. 123; H.C.C. CAVALLIN, aaO., S. 44; P. VOLZ, aaO., S. 20.418.

11) G.W.E. NICKELSBURG, aaO., S.119; P. VOLZ, aaO., S. 418.

12) G.W.E. NICKELSBURG, aaO., S. 121; H.C.C. CAVALLIN, aaO., S. 44.

13) Nach anderer Zählung 64,1.

14) Vgl. H. TRAUB u.a., Art. οὐρανός in: ThWNT V, S. 529,34ff; J. JEREMIAS, Art. θύρα in: ThWNT III, S. 177f, 34ff.

15) Vgl. J. JEREMIAS, aaO., S. 177,14ff.

16) Vgl. Jub 1,29.

17) Vgl. P. Volz, Eschatologie, S. 19.

18) G.W.E. NICKELSBURG, aaO., S. 179, Anm. 2. 123f; H.C.C. CAVALLIN, aaO., S.42.

19) Vgl. L. GOPPELT, Art. ὕδωρ in: ThWNT VIII, S. 316,4ff.

20) E. KAUTZSCH, Die Apokryphen und Pseudepigraphen des Alten Testaments I und II, Tübingen 1900, hier: II, S. 143.

21) Vgl. J. JEREMIAS, Art. γέεννα in: ThWNT I, S. 655f.

22) Vgl. J. JEREMIAS, ibid.; P. VOLZ, aaO., S. 329.

23) Die äthiopische Version hat allerdings "Gericht".

24) Vgl. P. VOLZ, aaO., S. 16f.

25) Dieses Wort sollte nicht mit "Hölle" übersetzt werden. Es bedeutet "Verderben" (vgl. P. VOLZ, aaO., S. 329).

26) Vgl. E. HAMMERSHAIMB, in: De gammeltestamentlige Pseudepigrafer i oversaettelse med indledning og noter, II, Kopenhagen 1956, S. 100.

27) Siehe P. VOLZ, aaO., S. 261.

28) (H.L. STRACK/)P. BILLERBECK, Kommentar zum Neuen Testament aus Talmud und Midrasch I - VI, München 1922ff, hier: II, S. 265ff.

29) (H.L. STRACK/)P. BILLERBECK, aaO., IV, S. 1035; er übersetzt " Bund der Lebendigen".

30) Vgl. P. VOLZ, aaO., S. 403.

31) Vgl. N. MESSEL, Die Einheitlichkeit der jüdischen Eschatologie = BZAW XXX, Gießen 1915, S. 152.

32) P. VOLZ, aaO., S. 314.

33) Auch an dieser Stelle ist das Wort "Hölle" nicht am Platz; der Text hat 'scheol'.

34) Vgl. C. BARTH, aaO., S. 61.

Kapitel 6:

1) Vgl. P. HOFFMANN, aaO., S. 128; P. VOLZ, aaO., S. 238.

2) An diesen Stellen ist vom Hades die Rede, nicht von der Hölle.

3) G.W.E. NICKELSBURG, aaO., S. 134.

4) Gegen H.C.C. CAVALLIN, aaO., S. 59.

Kapitel 7:

1) Vgl. die Übersicht bei A. HULTGÅRD, L'Eschatologie des Testaments des Douze Patriarches = Acta Universitatis Upsaliensis = Historia religionum 6, Uppsala 1977, S. 260-266.

2) Vgl. G.W.E. NICKELSBURG Jr., Studies on the Testament of Abraham. Society of Biblical Literature: Septuagint and Cognate Studies 6, Missoula 1976, S. 23-64.

3) So A. HULTGÅRD, aaO., S.260.

4) Vgl. C. BARTH, aaO., S. 52.

5) Vgl. ibid.

6) So G.W.E. NICKELSBURG, Resurrection, S. 161f. 165. 173.

7) Vgl. G.W.E. NICKELSBURG, aaO., S. 262.

8) E. KAUTZSCH, Die Apokryphen und Pseudepigraphen II, S. 496.

9) Der letzte Passus fehlt in mehreren Handschriften.

Kapitel 8:

1) Vgl. H.W. KUHN, Enderwartung und gegenwärtiges Heil = Studien zur Umwelt des Neuen Testaments 4, Göttingen 1966, S. 80-88.113f. 161. 175.185.

2) H.C.C. CAVALLIN, aaO., S. 61.64.204.

3) G.W.E. NICKELSBURG, aaO., S. 166f.

4) Vgl. C. BARTH, aaO., S. 64-81.

Kapitel 9:

1) Siehe E. BRANDENBURGER, Die Himmelfahrt Moses = JSHRZ V/2, Gütersloh 1976, S. 60.

2) Siehe G.W.E. NICKELSBURG, Resurrection, S. 43-45, und ders., An Antiochan Date for the Testament of Moses, in: ders., Studies on the Testament of Moses, Seminar Papers, Cambridge 1973, S. 33.

3) Vgl. J.J. COLLINS, Date, S. 21.

4) (H.L. STRACK/)P. BILLERBECK, aaO., IV, S. 808; P. VOLZ, aaO., S. 33f.

5) Vgl. P. VOLZ, aaO., S. 280; E. BRANDENBURGER, Die Himmelfahrt, S. 77.

6) D.J. HARRINGTON, in: G.W.E. NICKELSBURG, Studies, S. 59ff.

7) Vgl. D.J. HARRINGTON, aaO.,S. 65.

8) P. VOLZ, aaO., S. 34.

9) Siehe N. MESSEL, Einheitlichkeit, S. 72.

10) Das obige Ergebnis stimmt in der Hauptsache mit der Darstellung C. BARTHs, aaO., S. 41f, überein.

Kapitel 10:

1) Vgl. J. JEREMIAS, Art. παράδεισος in: ThWNT V, S. 766; (H.L.

STRACK/)P. BILLERBECK, aaO., IV, 1119.1135c.1137.

2) Siehe (H.L. STRACK/)P. BILLERBECK, aaO., IV, S. 1033-1052.

3) Vgl. P. VOLZ, aaO., S. 265; P. HOFFMANN, aaO., S. 161ff.

4) J. NEUSNER, A Life of Rabban Yohanan Ben Zakkai, 2. Aufl., Leiden 1962, S. 182.

5) (H.L. STRACK/)P. BILLERBECK, aaO., IV, S. 841.1135e.

6) Die Stellen bei (H.L. STRACK/)P. BILLERBECK, aaO., IV, S. 1115bb.

7) Siehe J. NEUSNER, aaO., S. 97ff.

8) Vgl. meinen Art. 'Apokalypsen' in: BHHW I, Sp. 105-107.

9) J.T. MILIK, aaO., S. 91ff.

10) M. A. KNIBB, The Date of the Parables of Enoch, in: NTS 25, 1978/79, S. 345ff.

11) Vgl. ibid., S. 351.

12) Ibid., S. 358.

Kapitel 11:

1) P. VOLZ, aaO., S. 259.

2) aaO., S. 248.

3) (H.L. STRACK/)P. BILLERBECK, aaO., IV, S. 1027.

4) (H.L. STRACK/)P. BILLERBECK, aaO., IV, S. 813.

5) Vgl. J. JEREMIAS in: ThWNT V, S. 764f.

6) Vgl. (H.L. STRACK/)P. BILLERBECK, aaO., IV, S. 1027.

7) Siehe P. VOLZ, aaO., S. 412f.

8) Vgl. aaO., S. 372f.40.

9) Vgl. aaO., S. 39f.

10) A.L. THOMPSON, Responsibility for Evil in the Theodicy of IV Ezra = Society of Biblical Literature, Diss. Ser. XXIX, Montana 1977, S. 264ff.240f.

Kapitel 12:

1) Vgl. A.F.J. KLIJN, Die syrische Baruch-Apokalypse, Gütersloh 1976, S. 104.

2) Siehe P. HOFFMANN, aaO., S. 152.

3) Vgl. H.C.C. CAVALLIN, aaO., S. 87f.

4) Vgl. (H.L. STRACK/)P. BILLERBECK, aaO., IV, S. 809f.

5) Übersetzung von A.F.J. KLIJN.

6) (H.L. STRACK/)P. BILLERBECK, aaO., IV, S. 811c.

7) P. VOLZ, aaO., S. 418; vgl. S. 47.

8) Es handelt sich um die "lebendigen Wesen" in Ez 1,5; vgl. Apk 4,6.

Kapitel 13:

1) So z.B. A.M. Denis, Introduction aux pseudepigraphes Grecs d'An-
   cien Testament, SVTP I, Leiden 1970, S. 29; vgl. auch die dänische
   Übersetzung von A. BUGGE und E. HAMMERSHAIMB, in: E. HAMMERSHAIMB,
   Pseudepigrafer, S. 795.

2) P. VOLZ, aaO., S. 34f.

3) Vgl. aaO., S. 262.

4) P. VOLZ aaO., S. 262f.

5) Vgl. ibid.

6) Nach P. RIESZLER, Altjüdisches Schrifttum außerhalb der Bibel,
   Augsburg 1928, S. 455.

7) P. VOLZ, aaO., S. 35.

8) (H.L. STRACK/)P. BILLERBECK, aaO., IV, S. 1021.1151.

9) Nach P. RIESZLER, Altjüdisches Schrifttum, S. 472.

10) Siehe A.-M. DENIS, Fragmenta pseudepigraphorum quae supersunt
    Graeca - PVTG 3, Leiden 1970, S. 37.

11) P. VOLZ, aaO., S. 48f.

12) AaO., S. 49.

13) Ibid.

14) Die Bezeichnung ist hier Hades.

15) Dagegen ist ApkAbr 22,7 eschatologisch orientiert.

16) P. RIESZLER, Altjüdisches Schrifttum, S. 126ff.

17) H.-P. MÜLLER, Esra-Apokalypse, S, 89.

18) P. RIESZLER, Altjüdisches Schrifttum, S. 350ff.

19) AaO., S. 168ff.

20) AaO., S. 1135ff.

21) AaO., S. 1091ff.

22) E. KAUTZSCH, Die Apokryphen und Pseudepigraphen II, S. 512ff.

23) Vgl. P. VOLZ, aaO., S. 49.243.263f.

Kapitel 14:

1) Vgl. A. STUIBER, Refrigerium Interim. Die Vorstellungen vom Zwischenzustand und die frühchristliche Grabeskunst, in: Theophaneia XI, 1957, S. 43ff; H. FINÉ, Die Terminologie der Jenseitsvorstellungen bei Tertullian, in: Theophaneia XII,1958, S. 31ff.

2) Vgl. A. STUIBER, aaO., S. 50f.

3) Vgl. H. FINÉ, aaO., S. 127.

4) AaO., S. 105f.

5) AaO., S. 109.

6) A. STUIBER, aaO., S. 87.

7) Vgl. H. FINÉ, aaO., S. 95f.

8) Marc IV, 28; Scorp 11 (170, 10ff); 12 (133,4ff).

9) Haer III, 18,5.

10) Apol I 19,7.

11) Nach Lk 12,4f.

12) Dial 99,3.

13) Vgl. II Clem 6,7; 17,1; HermSim IX, 18,2.

14) Siehe W. BAUER, Griechisch-deutsches Wörterbuch zum Neuen Testament, 5. Auflage, Berlin 1958, Sp. 1567.

15) Auch in I Clem 4,12; 51,4 liegt dieser Gedanke nicht vor.

16) Vgl. IgnEph 12,2; IgnMagn 14; IgnTrall 12,2; 13,3; IgnRöm 1,2 etc.

17) Das Wort "unsichtbar" steht nur im lateinischen Text.

18) Gegen R. KNOPF, in: Handbuch zum Neuen Testament, Ergänzungsband: Die Apostolischen Väter, Tübingen 1920, S. 181f, zu: "in die leidlose Ewigkeit".

19) Siehe z.B. äthHen 70,4; ApkMos 37,5; TestAbr 14,6.